A fantasia da eleição divina

Deus e o homem

Sergio Becker

A fantasia da eleição divina

Deus e o homem

Companhia de Freud
editora

Editoração Eletrônica
FA - Editoração Eletrônica

Revisão
Sandra Regina Felgueiras

Foto de capa
Edmund Engelman

FICHA CATALOGRÁFICA

B396f

Becker, Sergio.

A fantasia da eleição divina : Deus e o homem / Sergio Becker. – Rio de Janeiro : Companhia de Freud, 1999.

172 p. ; 21 cm.

ISBN 85-85717-32-7

Inclui bibliografia.

1. Judaísmo e psicanálise. 2. Judeus – Doutrina da eleição – Aspectos psicológicos. I. Título.

CDD. 150.195

Companhia de Freud
editora

Endereço para Correspondência
Rua Visconde de Pirajá, 547 - Sala 702
Cep 22415-900 - Ipanema - Rio de Janeiro
Tel.: (21) 540-7954 – Telefax: (21) 239-9492
email: tereza@ism.com.br

Índice

Prólogo

Este livro, um produto da construção psicanalítica, é marcado pelas letras de Freud e Lacan. À leitura de seus textos, enodou-se um conhecimento que se enraíza na educação religiosa da infância, no final da adolescência em Israel e na vida familiar judaica. A vivência desses tempos de um brasileiro no outrora "maior país católico", na cidade do Rio de Janeiro, que tem a *Imago* do Cristo Redentor como representante no mundo, foi a moção da análise que promove este escrito.

A escrita do texto revela a própria dessubjetivação do autor, na medida em que é uma produção do discurso do analista. Saber e verdade encontram-se em máxima tensão, sob a causa do desejo que lança um sujeito a produzir os significantes de sua filiação simbólica, seu enxame. Portanto, a ética da psicanálise conduz esta escrita.

O instrumental que Lacan proporciona para nossa leitura é de valor inestimável. Era um judaísta, conhecedor do hebraico. Afirmou que o advento da ciência seria inconcebível sem a mensagem do Deus dos judeus. A religião monoteísta, a impronunciabilidade do nome de Deus e o limite real ao imaginário, expresso no primeiro dos dez mandamentos, marcam a transcendência que dessacralizou a natureza. "De objeto de culto, a Natureza pôde se tornar objeto científico"[1]. A religião judaica

---

[1] Porge, E. *Os nomes do pai em Jacques Lacan*, Companhia de Freud Editora, Rio de Janeiro, 1998, p. 23.

contribuiu para abrir a via ética e intelectual da ciência e a formação do nazismo é uma violenta reação à sedimentação da cultura. A questão se desloca, tanto para Freud como para Lacan, para além da religião e da ciência: para o Deus que fala e demanda, o *Deus obscuro*[2].

Lacan introduziu o alef – א – como dispositivo da transferência e operador lógico na análise. Desenvolveu o conceito fundamental de objeto *a*, matema do analista. Sua expulsão da *International Psychoanalytical Association* (*I.P.A*) foi selada após a apresentação da aula "Os Nomes do Pai" – *Les Noms du Père* –, quando trabalhou sobre o sacrifício de Isaac e os nomes de Deus, as *sefirot*. Foi uma única aula, da qual jamais falaria novamente. Algo, então, fez furo.

A suspensão do seminário "Os Nomes do Pai" representa, também para Lacan, uma perda, "cujo afeto que desencadeia não ultrapassou ainda". Tomando o estudo freudiano do Torah, Lacan se introduz na instância judaica de Freud, em sua literalidade. Ao apontar o Deus monoteísta como um Deus que fala e demanda e cujo nome é impronunciável, Lacan evoca "algo em Freud que nunca tinha sido analisado"[3].

Em dezembro de 1930 Freud escreveu o prólogo da edição hebraica de "Totem e tabu". Diz aos judeus que seu livro é alienado de pontos de vista judaicos e espera que o espírito do novo judaísmo esteja de acordo com a ciência sem preconceitos. Possui muito de judeu, talvez o principal. Não conseguia, naquele momento, colocar isso em palavras claras mas estava seguro do acesso disso, um dia, ao espírito científico.

---

[2] Lacan, J. O seminário, livro XI, *Os quatro conceitos fundamentais da psicanálise*, Jorge Zahar Editor, Rio de Janeiro, 1985, p. 259.

[3] Porge, E. *Os nomes do pai...*, op. cit., p. 139.

Freud sempre abordou a questão judaica desde sua especificidade interna e o livro "O homem Moisés e a religião monoteísta" é a exteriorização dos efeitos em si de experiências de segregação e do fenômeno nazi, enodadas definitivamente no ato da leitura do *Mein Kampf.* A autobiografia de Hitler foi o livro mais lido na Europa na década de 1930. Confirmou para Freud a invenção de "Totem e tabu": o mito do assassinato do pai original – *Urvater.* O "Moisés" foi efetivado em plena época de Hitler e terminado no exílio. Seu livro sedimenta a clínica psicanalítica na cultura[4].

Lacan extrai desse percurso freudiano o S_1, o significante *Nome-do-Pai,* operador privilegiado do dizer. Tudo o que Freud fala conduz à produção desse significante. É um efeito do inconsciente estruturado como linguagem e é na análise que ele se ordena no discurso. É o condutor do sujeito em sua entrada na linguagem e nesse movimento produz o objeto. Tomado no discurso do analista, o objeto será o agente da causa do desejo. O S_1 sofrerá um giro e de condutor passará a ser o fruto da produção da subjetividade na análise, quando o saber alcançará sua via de verdade.

Lacan guardava um horror ao nazismo que surge em momentos cruciais de seu ensino, como no escrito sobre "A situação da formação do analista em 1956", nos cem anos de Freud, no encerramento do Seminário XI, *Os quatro conceitos fundamentais da psicanálise*, de 1964, ano da *ex-comunicação* – expulsão da *I.P.A* – e na "Proposição ao psicanalista da Escola", de 1967.

---

4 Os textos de Freud e Hitler serão citados a partir dos originais em alemão com tradução do próprio autor.

Faz suas intervenções sobre o *Führer*, "as formas pretensiosamente ultrapassadas de holocausto", e sobre o campo de concentração. Ao escrever a proposição de 1967, Lacan refere-se aos três registros: no simbólico, temos o mito edípico; no imaginário, a função do pai ideal. Denomina estes lugares de facticidades e introduz o registro do real.

> A terceira facticidade, real, demasiadamente real, bastante real para que o real seja mais chulo para promovê-la do que a língua, é o que torna falável o termo: campo de concentração, sobre o qual nos parece que nossos pensadores, ao vagarem do humanismo ao terror, não se concentraram o suficiente[5].

Freud foi na infância alfabetizado em hebraico por seu avô paterno. Lia com ele o Torah, o Velho Testamento. A família Freud possuía uma única Bíblia, onde se registrou o nome: Sigismund Schlomo. Schlomo era o nome desse avô. A Bíblia dos Freud possui o registro de que "ingressou no pacto judaico", referindo-se a sua circuncisão no oitavo dia de vida. Está exposta no Museu Freud de Viena.

Entre as questões que apreendemos do Torah está a lógica textual de onde advém uma leitura que surge quando as letras são, ao mesmo tempo, números. Têm valor numérico. Freud revela sua intenção ao escolher seus números, no que Lacan define como "matemática de Freud"[6], no seminário "Os não-tolos erram" – *Les Non-Dupes Errent*. Freud tentava, em sua errância, tornar o discurso analítico adequado ao científico

---

[5] Lacan, J. "Proposição de 9 de outubro de 1967", in *Documentos para uma Escola, Revista Letra Freudiana*, Rio de Janeiro, Ano 1, nº 0.

[6] Lacan, J. O seminário, livro XXI, *Les Non-Dupes Errent*, lição 2, aula de 20 de novembro de 1973, inédito.

e tinha de fazer a matemática para, num segundo passo, de acordo com Lacan, poder inscrevê-la.

Lacan produziu com isso a lógica dos matemas, as letras numerais, que nos conduzirão na investigação. O texto freudiano é de tal modo marcado por essas condições lógicas e inaugura algo tão absolutamente novo na língua que o único prêmio que recebeu foi o Goethe de literatura, o mais importante da língua alemã.

O objeto *a*, o sujeito barrado – $\barS$, o *Nome-do-Pai* – S_1 e o saber – S_2 são matemas da psicanálise e assim se constituem por acumulação de valor numérico.

O domínio numérico deve ser simbólico. Os matemas no discurso do analista produzem a numeração alfabética das quantificações de gozo e das operações afins que constituem o sujeito. Eles dão valor de letra aos algarismos. O ato analítico fixa a instância da letra no inconsciente, soletrando o gozo. Faz sua alfabetização numérica, isto é, a escrita da impossibilidade da eleição do corpo como objeto.

É a instância da letra que fixará o real como categoria do sujeito no mundo. Essa premissa é necessária para articularmos logicamente na análise o que é simbolicamente real: a angústia. O corpo deve ser abandonado como ponto de referência para que se possa contar. Evoca-se cada vez menos o corpo para suscitar uma série numérica universal. O corpo torna-se traço e será um que não totaliza; só assim fará número e indicará o lugar vazio do qual emerge o sujeito desejante.

Freud nos diz que o eu é antes de tudo um eu-corpóreo – *Körper-Ich*. Este é o que contará na análise. Isso que se conta, se escreve. A letra é a instância viva do eu-corpóreo; seu corpo é de letra. É o ser – *l'être* – de letra – *lettre*.

Em outros discursos pode-se realizar o simbólico imaginariamente; isto é, o simbolismo, como nas religiões e nos misticismos, que quantificam suas operações com objetos irreais e as estátuas. Essas imagens são ícones que dão consistência corpórea ao crente. No judaísmo, essa função está nas escrituras. Isso se dá de certa maneira para o sujeito, que retira da letra seu caráter de instância no inconsciente. Não podemos, portanto, colocar o imaginário de um modo qualquer.

O desenraizamento da letra no inconsciente encarnará no horror da perda do número. Leva os sujeitos a se defenderem contra a perda do número. Faz da superfície do corpo uma escrita bizarra, sem conteúdo simbólico que promova uma corporeidade. Para que um texto irreal se inscreva definitivamente faz-se, por exemplo, a tatuagem numérica do campo de concentração, sem valor alfabético algum. O corpo do outro se transforma em um único número e só faz série com outro corpo-número de série. Não é o "tatuar-se", é o "ser tatuado". Um Outro absoluto que imprime seu gozo. Não se faz álgebra sem escrever e essa é uma escrita nazi.

> A libido é o órgão essencial para se compreender a natureza da pulsão. Esse órgão é irreal. Irreal não é de forma alguma imaginário. O irreal se define por se articular ao real de um modo que nos escapa, e é justamente o que exige que sua representação seja mítica, como a fazemos. Mas por ser irreal, isso não impede um órgão de se encarnar[7].

Na parafrenia, a realização do simbólico imaginariamente encarna no irreal do campo de concentração, onde encontramos esses números tatuados e a frase de fachada "O trabalho liberta" – *Arbeit macht frei.* São números analfabetos e letras

---

[7] Lacan, J. O seminário, livro XI, op. cit., p. 195.

sem valor numérico. Isso que até ao real escapa é o que aí, no real, vai muito mal. Essa psicose é específica na tentativa do delírio de dominar a cota livre da libido que, bem distribuída, forma o ideal e sublima a pulsão sexual. A parafrenia fabrica o "grande delírio", sua solução final, que desvia essa libido livre para concentrá-la em objetos irreais, nos ensina Freud.

As formulações judaico-cristãs atravessaram as infâncias de Freud e Lacan, um na tradição judaica, outro na cristã. Um viveu o anti-semitismo real, outro presenciou o holocausto. Freud tinha a psicologia dos povos e das religiões na formação do analista e Lacan a confirma na "Proposição ao psicanalista da Escola".

Hitler rendeu-se à instância da letra para logo destruí-la. Era um inimigo das letras, talvez o maior de todos os tempos. Seu escrito tem a função de compor um conceito coletivo de conjunto composto – o "eu" – para corpos que não têm representação própria: o corpo retalhado da psicose. O "Minha luta" – *Mein Kampf* – é um escrito dessa ordem e tem eficácia comprovada ainda hoje, influenciando principalmente jovens leitores, logicamente introduzidos por velhos leitores.

> Eu sei que se ganha a gente menos pela da palavra escrita do que pela falada; todos os grandes movimentos que a história registrou devem mais aos grandes oradores e não aos grandes escritores. Entretanto, para a uniformidade e unidade de uma doutrina, ela deve advir assentada por escrito de uma vez para sempre[8].

Freud inicia o capítulo II de "Sobre a introdução do narcisismo" – *Zur Einführung des Narzißmus* – após haver colocado no primeiro a discussão que o separava de Jung na com-

---

[8] Hitler, A. *Mein Kampf, München*, *Verlag Franz Eher Nachfolger*, 1933, *Vorwort*. [Minha Luta, prefácio].

preensão da transformação da libido nas psicoses, com uma conclusão definitiva.

> Um estudo direto do narcisismo me parece bloqueado por dificuldades particulares. A principal via de acesso a ele permanecerá sendo a análise das parafrenias[9].

Hitler teve a oportunidade de estudar "A psicologia das massas e análise do eu" – *Massenpsychologie und Ich-Analyse* – onde encontrou o que podemos denominar de "manual do *Führer*". Manifestava pela primeira vez com essa leitura um conceito que trouxera da Grande Guerra: o *Führerprinzip*, o princípio de liderança. Escreve John Toland, biógrafo de Hitler:

> A análise de Hitler da psicologia das massas mostrava que lera o livro de Freud. Princípios semelhantes haviam sido formulados por William McDougall e Gustav Le Bon, mas as obras destes autores ainda não haviam sido traduzidas para o alemão. É curioso que Hitler aprendesse com um judeu de Viena que um orador desejoso de dominar uma multidão "deve exagerar, e deve repetir a mesma coisa, sempre e sempre". E também foi Freud quem assinalou que a massa era "intolerante, mas obedecia à autoridade... O que ela exige de seus heróis é força ou mesmo violência." Do modo que lhe era característico, Hitler retirou do livro do compatriota o que lhe convinha, combinando a teoria de Freud com suas próprias idéias, para fabricar uma arma tremenda[10].

Teve, então, a idéia da suástica nazista, entre outras. De acordo com W. Reich, são dois corpos no coito. Tem o sentido de "tudo é tudo" em sânscrito. Colocou-a primeiro no próprio braço, quando da publicação do livro de Freud, em 1921,

---

9 Freud, S. *Zur Einführung des Narzißmus, in Gesammelte Werke, Band* 10, S. Fischer *Verlag*, Frankfurt Main, 1968, p. 149. [Introdução ao narcisismo].

10 Toland, J. *Adolf Hitler*, Francisco Alves Ed., Rio de Janeiro, 1978, p. 267.

e depois em todo lugar. Teve a ousadia de exibi-la na *Berggasse* 19, a casa de Freud e que é o Museu Freud de Viena hoje. Ele relutava em exilar-se mas a isso se decidiu após a prisão de sua filha Anna pela Gestapo. O êxodo de Freud aconteceu no dia 4 de junho de 1938. Ao referir-se mais tarde à data de partida, cometeu um ato falho, registrando dia 3 de junho.

A anexação da Áustria pela Alemanha aconteceu no dia 13 de maio de 1938. A foto que nos introduz em nosso livro data de abril deste ano. Isso significa que Freud viveu três meses com a bandeira de Hitler na fachada de sua residência.

A suástica, nem letra nem número, transpôs-se ao lugar do matema, usurpando-o, e desenraizou-o do inconsciente alemão. Esse processo de desmatematização do inconsciente tem como resíduo o que os alemães hoje denominam de "impotência moral alemã". É a "má-temática" da suástica. O valor de letra é forcluído no primeiro ato da remodelação dos ideais. Hitler executou o mesmo artifício de usurpação de texto que usou com Freud sobre outros autores. Podemos citar Darwin e principalmente a Bíblia, tanto o Torah como o Novo Testamento. Aí encontrou um celeiro de identificações fantásticas para seu messianismo racial. O *Mein Kampf* era sua bíblia e seus seguidores dão o verniz da certeza delirante coletiva: o eu-nazi, que usurpa o lugar do eu-corpóreo – *Körper-ich*. Esta usurpação ocorre em qualquer campo do saber e é "negócio de corpo", como diz Lacan.

Hoje vemos massacres nas escolas secundárias americanas em comemoração ao nascimento de Hitler e temos do nosso lado a certeza de que o texto hitleriano e sua especificidade lógica são a moção original para jovens leitores iletrados do que se chama primeiro mundo.

Freud foi para a Inglaterra viver em liberdade às vésperas da Segunda Guerra Mundial, a hitleriana. Suas irmãs foram removidas para o campo de concentração. Sofreram a remoção – *die Entfernung*. Certamente, ele avançaria sobre o assunto, embora jamais pudesse supô-lo. Ao ver seus livros queimados em praça pública por nazistas em Viena, disse que havia um avanço: na Inquisição queimavam o autor.

A ética da psicanálise é a da letra, do traço de escrita, escritura de texto. Isso constitui um conceito fundamental da configuração – *Gestalt* –do corpo freudiano. É o que leva Freud a fazer a construção sobre o homem Moisés, "*Führer* dos judeus", "seus escribas" e a religião monoteísta. É a "advertência preliminar", como diz, aos fatos do mundo.

Esse livro é a formação reativa de um segregado único ao texto hitleriano. Freud, ao lê-lo, deu-se conta de que havia sido lido.

Inicia o "Moisés" dizendo que quitar um povo do maior de seus filhos não é um empreendimento que aprecie, ainda mais sendo ele um judeu. Mas relegar a verdade em benefício de supostos interesses nacionais impediria a intelecção do estado de coisas. Referia-se a um só tempo ao nacionalismo social alemão e ao movimento sionista.

Moisés é o herói da saga. O príncipe, o legislador judaico, o *Führer* dos judeus era um egípcio, um estrangeiro ao povo e incircunciso assim como seu filho (Deus queria matá-lo por isso)[11]. Moisés foi excluído por Deus da terra prometida. É essa a advertência preliminar. De fato, como afirma Peter Gay,

---

[11] *Êxodo*, IV, 24.

biógrafo de Freud, ele é muito mais judaico frente aos anti-semitas do que em casa.

A fantasia popular da eleição divina, a amarração psíquica que o judeu faz da angústia (circuncisão), os fenômenos do calcamento do cristianismo e do anti-judaísmo medieval, o nazismo, a enfermidade de Hitler e, finalmente, o holocausto escapam às interpretações.

A escuta, leitura e intervenção psicanalíticas se impõem na intenção de constituir um corte na historicidade e de definitivamente enodar os fatos vividos aos acontecimentos psíquicos. A temporalidade do ato analítico desobstrui a alienação promovida pelos eventos descritos e faz emergir, com a urgência necessária, o real na estrutura, pois, ao final, deve vencer o real.

Conclusões sobre o advento do nazismo e o fenômeno hitleriano foram somente esboçadas. Uma verdade que se dá como perdida no passado sempre se expressa no presente como ilusão e é o item mais importante do inventário psíquico da cultura. Isto pode ser verificado na clínica psicanalítica de onde parte o projeto para uma escuta.

A fantasia popular da eleição divina

> ... o homem normal não apenas é muito mais imoral do que crê, mas também muito mais moral do que sabe. A psicanálise, em cujas descobertas repousa a primeira metade da assertiva, não teria objeções a levantar contra a segunda metade.
>
> *Sigmund Freud*

I – A eleição divina

A fantasia popular – *Volksphantasie* – da eleição divina, a crença num papel único de uma aliança providencialmente adquirida pelo povo, a eleição deste povo como o "escolhido por Deus" são o que calca essa análise. A essa representação-fantasia – *Phantasie Vorstellung* – chamamos de "origem do mito". O mito era para ser ariano, que fique bem claro. A mistificação do judeu pelo mundo como pessoa-objeto da fantasia popular – *Objektperson* – conduziu Hitler à introdução do mito ariano.

Se Freud inventou o mito de "Totem e tabu", o assassinato e devoração do pai pelos filhos foi, adverte ele no prefácio do livro, a primeira tentativa de seu lado para resolver problemas não concluídos da psicologia dos povos – *Völkerpsychologie* –, ou, para ouvidos germânicos da época, psicologia da raça. Era o assunto da época e disso tratavam tanto Jung quanto Hitler.

Com o primeiro ensaio do livro do totem, "o horror do incesto", foi lançada em 1912 a revista *Imago*. O livro completo foi apresentado em 1913, no Congresso de Munique, e selou definitivamente a separação entre Freud e Jung. Em 13 de maio de 1913, logo após a defecção de Jung, Freud escrevia a Abraham:

> O trabalho do totem está terminado, com exceção das correções e citações. Ele deve aparecer antes do Congresso de Munique e deve servir para dar um nítido corte em tudo o que é religioso-ariano. Tal será, com efeito, a conseqüência[12].

A eleição divina foi tomada como revelação e incorporou-se no imaginário dos povos. Suas conseqüências, nos dias de hoje, atualizam-se na contemporaneidade das religiões. Todas são da eleição.

O "ser eleito" faz seu sintoma no laço das massas e a análise do ideal do eu eleito nos lança imediatamente atrás de sua escrita: é onde fará corpo.

Ao tempo em que era o fator formador da massa primária (onde muitos indivíduos colocam um e o mesmo objeto no lugar de seu ideal do eu e se identificam entre si em seus eus), foi também o motivo de uma inibição, efeito dos ataques que se sofre por comungar dessa fantasia.

A dispersão familiar, o exílio, a guerra, conseqüências diretas desses ataques, são o efeito invertido com que se deparou essa força pulsional.

Já no século II, no cerco a Jerusalém por Antíoco VII, a intenção de aniquilar completamente os judeus era atribuída a esse, "pois única entre todas as nações, ela se recusava a ter relações de sociedade com os outros povos e os considerava todos como inimigos".

---

12 Poliakov, L. *O mito ariano, Estudos 34*, Edusp, São Paulo, 1976, p. 282.

A resistência ao abandono do ideal original de eleição guarda uma marca significante que opera para a identificação com o pai – *Vateridentifizierung* – e, ao mesmo tempo, para o estabelecimento de laços entre um e outro eleito. É também o que funda o traço heterogêneo entre o eleito e um outro qualquer.

O representante real dessa eleição no judaísmo é a marca corporal da circuncisão. O ritual da circuncisão é uma confirmação do pacto entre Deus e Abraão (Abraham), "pai das multidões.

> Falavam de um antepassado chamado Abrão (e mais tarde Abraão), nascido na cidade suméria de Ur e que havia atravessado toda a Meia Lua Fértil até chegar a Canaã. Dizia-se que em Canaã fez um aliança (isto é, um acordo legal) com Deus, pela qual, em troca de ser adorado, Deus outorgaria toda Canaã aos descendentes de Abraão[13].

Brith milá, em hebraico, o pacto de Deus e o homem pela terra. A aliança certamente pela palavra escrita.

Um discurso que se finaliza na passagem ao ato do corte do prepúcio. Definimos a remodelação do pênis para o fim de legalização como inconsistente de conteúdo simbólico. Este discurso produz efeitos que parecem ter caráter simbólico, já que veiculam no próprio corpo uma verdade imaginária. Por isso, é irremediável uma intervenção no corpo para a sustentação desse ato e essa aliança só pode valer por escrito. Era uma solução da época.

Podemos afirmar que o pacto simbólico se sustenta por si, divorciado da fantasia da eleição encarnada na circuncisão. Muitos povos não praticam a circuncisão mas fundam seu fol-

---

13 Asimov, I. "La tierra de Canaan", in *Historia Universal Asimov*, Alianza Editorial, Madrid, 1982, p. 30.

clore e mitos em versões dessa fantasia popular. As diferenças se dão por escrito.

Mas uma transformação corporal é sempre necessária aos que se crêem eleitos divinamente e supostamente garante o pacto com a divindade. Isso se nota principalmente na indumentária.

A circuncisão era feita nos primórdios pelos pais dos meninos. O que levou Freud a afirmar que a circuncisão é o substituto simbólico da castração que o pai primitivo infligiu aos filhos na plenitude do seu poder absoluto.

A fantasia da eleição divina ilude o crente da falta. Já a circuncisão a veicula no real do corpo, daí uma forte resistência a ela por quem não a pratica. A falta real encarna na perda da libra de carne e no sangue. Por que, então, reunir circuncisão e fantasia de eleição? Que caráter dá o judaísmo a essa fantasia popular, mais antiga que sua própria religião?

O corte no pênis da criança não circunscreve nada simbólico para o *infans,* só para o outro. Pode inibir sua constituição de sujeito nesse tempo específico. Só depois ele se descobrirá circuncidado, esse ato demandará significação, quando o pênis entra no jogo fálico da presença e ausência, o que tem conseqüências clínicas e atua na escolha da neurose.

A fantasia da eleição representada no próprio corpo pela circuncisão, quando vivida numa neurose, pode se inverter. O indivíduo desenvolverá um sentimento de inferioridade, achar-se-á moralmente desprezível e melancolizará. A fantasia na neurose leva o homem e a mulher ao que definimos na clínica como "desabilitação do órgão". Gera a inibição sexual.

A fantasia pode, numa exageração de caráter, transformar-se numa mania de holocausto. Tomada num delírio psicótico, tem efeitos catastróficos para o sujeito. A fantasia popular da eleição divina está descrita num delírio dessa natureza nas autobiografias de Daniel Schreber, "Memória de um doente dos nervos", analisada por Freud, e de Adolf Hitler, "Minha luta". Nossa leitura deve ser efetivada para diferenciarmos cada caso.

A entrada do corpo no nível do órgão como prova real do pacto é o que atrai nossa atenção. A representação do corpo próprio – *Vorstellung des eigenen körpers* – formadora do eu-corpóreo – *Körper-ich* – que se instituiria definitivamente na dissolução do complexo Édipo, será antecipada, será uma única, coletiva. Modelará os ideais do grupo de crentes e, consequentemente, modelará da mesma maneira a crença daquele que se tornou um inimigo.

O ato da circuncisão é talvez, em milênios, o que restou da original religião. Os estudiosos remontam o costume de circuncidar ao Egito antigo. Freud, assim como esses autores, afirma que a circuncisão foi introduzida por Moisés ao povo judeu, durante o cativeiro no Egito. É importante mostrar a imperativa solução encontrada para marcar a heterogeneidade na semelhança das pessoas do povo hebreu com os outros povos.

O ritual da circuncisão implantará através do órgão a *Imago* do eu eleito. É a moção pulsional da constituição do psiquismo judaico, um ato que coloca a criança numa posição particular, que toma caráter compulsivo, envolve uma conciliação com Deus e repete o momento de fundação da religião. Mais ainda, diz Freud, é o sinal de redenção do povo como "povo santo". Ao mesmo tempo forma a consciência de culpa judaica.

> Tal é o relevo, a originalidade, a dimensão, a ordem de presença na qual se ativa para nós o Deus que fala, aquele que nos diz expressamente que

> é aquele que é. Entre essas demandas do Deus a seu povo eleito, privilegiado, há algumas bem precisas e parece que este Deus não teve necessidade de possuir presciência do meu seminário para especificar bem os termos. Existe uma que se chama a circuncisão. Ele nos ordena gozar e, além disso, interfere na maneira de fazê-lo. Ele especifica a demanda e destaca o objeto.
>
> Dizer que a circuncisão seja a sua causa, qualquer que seja o representante, o análogo daquilo que chamamos castração e seu complexo, eis aí um erro grosseiro. Pois, afinal, nada menos castrador do que a circuncisão.
>
> A incidência psíquica da circuncisão está longe de ser equivocada e não sou o único a tê-lo notado[14].

O ideal do eu eleito leva invariavelmente indivíduos e grupos a uma posição inacessível e fixa, o que contribuiu largamente para as situações que os povos enfrentaram com Hitler no poder e, ainda hoje, quando nos deparamos com novas formas de holocausto.

A fantasia da eleição divina demonstra seu caráter de orgulho narcísico e a relutância em se "misturar" reforça o narcisismo.

Um sentido privilegiado da diferença entre um e outro gerará a segregação e o infortúnio. Afirmamos que o narcisismo é uma insuficiência, não garante nem ser nem sujeito. Portanto, não se deve introduzir o narcisismo sem o real e disso se constitui o saber do analista. A posição do analista é de *extimidade* ao narcisismo.

A fantasia popular da eleição divina é vivida pelo nazista no primeiro tempo de "Uma criança é espancada": *O pai bate*

---

[14] Lacan, J. O Seminário, livro X, *A angústia*, CEFR, 1996, pp. 88-96; inédito.

na criança que eu odeio, pois ele não ama essa criança, ama só a mim. A criança odiada é quem o fantasiador observa e possui o traço corpóreo que o fantasiador busca na investigação. Deve espancá-la para que isso prove que só ele é amado pelo pai. É modelar para a segregação.

A expectativa da vinda de uma criança divina está expressa em previsões de todos os povos antigos e a finalidade de Paulo foi demonstrar que Jesus era o esperado messias judeu e, mais ainda, essa esperada criança divina universal[15]. Jesus é o menino sagrado, o filho de Deus. Jesus demonstrou como os opostos deus-crime poderiam ser reconciliados na alma dos homens. É a função superior deificada do sacrifício.

Freud, no "Moisés", refere-se à obra de O. Rank, "O mito do nascimento do herói", que trata desse fato do folclore popular.

Hitler o coloca de saída, descrevendo-se na infância, como "um pequeno *Führer* ele próprio difícil de conduzir". Identificando-se a si mesmo e a alma alemã com ambos deus e crime, Hitler remodelou os ideais desse povo, provocando uma desmontagem que "reduziu o *god-value* – valor divino – ao seu próprio nível primitivo"[16].

O avesso da fantasia da eleição divina emergiu na parafrenia do holocausto, onde a criança odiada é aniquilada por aquele que se crê o único eleito pelo pai.

Em seu capítulo pretensiosamente darwinista – "O forte é mais forte quando fica só" –, Hitler prova calculadamente a "incompetência dos que se crêem eleitos" e extingue a historiografia judaica com uma penada.

---

[15] Graves, R. *Rey Jesús,* Editorial Sudamericana, Buenos Aires, 1996, p. 18.

[16] Baynes, E.G. *German Possessed, The International Journal* of *Psychoanalysis,* 1942, Vol. 23, p. 90.

> A força vital de um povo, o seu direito à vida manifestam-se de modo mais impressionante no momento em que esse povo recebe a graça de um homem que o destino reservou para a realização de suas aspirações, isto é, para a libertação de um grande cativeiro, para a supressão de amargas dificuldades.
>
> Aqui também, pela ordem natural das coisas, será certamente o mais forte que será escolhido para cumprir a grande missão; apenas os outros só muito tardiamente reconhecem o fato de ser este o único – *einziger* – eleito[17].

A recusa ao um da numeração e a insistência em contar somente o um do espelhismo do ser implicarão na impossibilidade de se fixar a letra no inconsciente, a sua segregação e o conseqüente desenraizamento do corpo próprio no nível do órgão. Causava estranhamento a Freud.

> Ainda mais estranhamente atua a representação de um deus que, com um sinal, um povo "elege", o faça seu povo e se declare seu deus. Acredito que é o único – *einzige* – caso na história das religiões humanas. Comumente, deus e povo se pertencem de maneira inseparável, eles são desde o princípio em um – *an Eines*; ouvem-se muitos casos de um povo que aceita um outro deus, mas não de um deus que busca para si um outro povo[18].

O monoteísmo acarreta, na antigüidade pagã, poucas conseqüências. Os monoteístas eram dispensados de um certo número de obrigações e compromissos (sacrifícios ao imperador), o que constituía um privilégio aos olhos da população das cidades do oriente, extremamente mesclada.

Leon Poliakov, em sua "História do anti-semitismo", reúne os escritos anti-judaicos da época, encontrados na obra

---

[17] Hitler, A. op. cit., p. 376.

[18] Freud, S. *Der Mann Moses und die monoteistische Religion*, op. cit., *Band* 16, p. 146. [Moisés e o monoteísmo].

do historiador judeu Flávio Josefo. São textos escritos principalmente por autores de Alexandria, onde eram constantes os conflitos entre os judeus que fundaram importante colônia e a população grega. Um texto famoso na época era uma paródia rancorosa do Êxodo do Egito. "O rei reuniu todos os enfermos, afirma-se que eram 80.000, e encerrou-os nas pedreiras..." " Seu legislador, um sacerdote de Heliópolis, chamado Osariph, segundo o deus Osíris, adorado naquela cidade, tendo mudado também de nação, tomou o nome de Moisés".

Os textos trazem acusações de que os judeus propagavam a lepra, isto é, que eram corpos intocáveis, o que se amarra a uma outra acusação: a de que eram insociáveis.

Outra conclusão lógica a que chegaram os antigos é surpreendente. Foi a de que o povo judeu era ateu. Seu horror pelos deuses pagãos, sua recusa a oferendar sacrifícios já eram suficientes para caracterizá-lo como tal. Além disso, qual era então o deus? Em contrapartida, esses autores não deixavam de ressaltar suas virtudes guerreiras, seu espírito familiar[19].

Freud afirma a *incorporeidade* de Deus como um avanço de intelecção. Diz ser uma exigência de sublimação ao povo, com a desautorização da magia e da mística. Isso levou o povo judeu à alta estima pelo intelectual e à insistência no ético "e, como os tristes destinos, as desilusões reais desse povo puderam reforçar todas essas tendências". Podemos admitir o pensamento de que esse avanço intelectual influenciou a invenção do divã.

O Império romano da era pagã não conheceu o "anti-semitismo de Estado". Os conflitos eram gerados por diferenças

---

[19] Poliakov, L. *Estudos 63, De Cristo aos judeus da corte, História do Anti-semitismo I*, Editora Perspectiva, São Paulo, 1979, pp. 8-9.

sociais e principalmente religiosas. Não havia uma política que o utilizasse como instrumento de reações passionais coletivas que, em seguida, tornarão precário o destino dos judeus. A atenção era voltada para o que o judaísmo oferecia de singular: repulsa diante do particularismo e atração da religião monoteísta.

A posição social do povo judeu começava a diferir da dos outros grupos. A causa desse movimento era religiosa, pois seus cultos e tradições, sua filosofia eram vinculados ao discurso religioso, que tem como único sentido o Deus que o havia escolhido como filho. Essa revelação marca o caráter do imaginário daqueles formados nessa tradição. Ela faz parte da "herança arcaica" do povo e não leva em conta outros modelos. Com o tempo, esse modelo se transforma numa espécie de código imaginário, não é mais verbalizado mas tem a fantasia da eleição como imperativo.

> Eis que saído do judaísmo e reivindicando o Deus de Abraão, um novo ensinamento faz sua aparição, para se impor triunfalmente, após três séculos de lutas, à totalidade do mundo romano. Que tal acontecimento não exercesse influência na situação dos judeus que permaneceram fiéis à antiga lei é propriamente impensável. Suas repercussões serão tão rápidas quanto importantes[20].

A primeira comunidade cristã originou-se em Jerusalém. Seus membros eram judeus de estrita observância, conhecidos como "judeus-cristãos", que não sofreram perseguições. Somente adquiriam adeptos na própria comunidade judaica e respeitavam os mandamentos da lei em toda sua minúcia. Mesmo quando a propaganda cristã estendeu-se para além da Palestina, permaneceu no seio das comunidades da Diáspora essa observância. Assim formou-se o cristianismo.

[20] Ibidem, p. 15.

As colônias, extremamente helenizadas e influenciadas pelos costumes gregos, mas não pela religião, estavam repletas de simpatizantes, assim considerados porque recusavam dobrar-se a todas as observâncias da religião judaica.

Mas para a rápida ascensão e desdobramento da propaganda cristã e para a surpreendente aquisição de novos adeptos fora da Palestina, algo marcou definitivamente a heterogeneidade entre judeus e cristãos; algo que isolou os judeus e transformou, num golpe, os inofensivos sectários do judaísmo em graves hereges.

Para além da Palestina, a pregação cristã era difundida com rapidez e esbarrava na resistência dos prosélitos em cumprirem certos rituais da religião. Uma inovação se impunha. Paulo, ao perceber que sua propaganda não iria se desenvolver, tomou a decisão capital de dispensar os novos simpatizantes da circuncisão e, num ato, separou o cristianismo.

Paulo, que no princípio conduziu o judaísmo pelo mundo, também o pôs à prova, pois a ele se deve a circunstância de ter abandonado o caráter "escolhido" de seu povo e seu modelo, a circuncisão; assim, a nova religião supostamente se transformaria numa religião universal.

> Circuncidareis a carne do prepúcio: este será o sinal da aliança entre mim e vós.
>
> E o varão incircunciso porém, que não circuncidar a carne de seu prepúcio, essa alma será cortada de seu povo; minha aliança quebrou[21].

---

[21] *Gênesis*, 17: 11,14.

II – O retorno ao totemismo no nazismo

Como um dentro do outro se entrama e num só todo se amalgama.

Goethe

Com "Totem e tabu", Freud inaugura e insiste sobre um campo que retorna extraído do dizer, retorna como escritura. Excede a enunciação e o pensar. O escrito freudiano comporta a ética da transmissão de um discurso que se constitui no literal. É o seu livro predileto.

Através de uma escuta única, Freud descobriu concordâncias na vida psíquica dos selvagens e dos neuróticos, numa série de traços conjuntos.

Para investigar a origem ancestral da angústia, resto da operação do complexo de castração, Freud recorreu principalmente aos dados contidos nos trabalhos de Charles Darwin e Robertson Smith e construiu uma "novela familiar do tempo originário". É o tempo pré-edípico, *Vorzeit.*

No verão de 1897, afirma Ernest Jones, também biógrafo de Freud, o encanto dissipou-se. Ele resolvera enfrentar, e não recuar, uma psicanálise de seu próprio inconsciente.

Em 1859 e 1871, respectivamente, Charles Darwin publicou suas obras "A origem das espécies" e "A descendência do homem e a seleção em relação ao sexo". Em 1894, Robertson Smith profere e publica suas conferências sobre as religiões dos povos semitas. Em 1903, Atkinson publicou um ensaio: Lei primal – *Primal Law;* em 1910, Frazer traz à luz "Totemismo e exogamia".

Porém, lendo Jung é que Freud decide desviar-se do caminho que iniciou no caso Schreber e investe contra os arianistas e seu biologismo delirante. Em 1913, com o livro do totem, o livro do corte (ver nota 12) e, em 1914, quando, no texto sobre a introdução ao narcisismo, "martela" no conceito de parafrenia e não aceita em nenhuma hipótese o conceito junguiano de introversão para as psicoses.

"Outro é o parafrênico" – *Anders der Paraphreniker*[22]. Viria a ser Hitler. Hitler o conhecia bem, seguia seus passos e *carimbou* a fachada da *Berggasse* 19 com a suástica, usurpou a sociedade, liquidou a editora, queimou os livros e promoveu o veredicto de Freud: *Finis Austriae*. Nesse momento, 1938, os psicanalistas já há décadas promoviam congressos por toda Europa e realizava-se então o de Paris. Hitler, que queria acabar com os psicanalistas, espalhou-os pelo mundo.

Freud vê o totemismo como alienado, extinto. Mas afirma com sua peculiar convicção que o tabu permanece entre nós, "ainda que em versão negativa...". O totemismo é uma instituição sócio-religiosa, substituída por formas mais novas.

Promove o deciframento desse código na construção das análises. Encontra o tabu vigorando nas relíquias psíquicas dos tabus dos inimigos, dos governantes e dos mortos. O tabu é representado na compulsão à proibição, que nomeia o objeto da projeção imaginária, que podem ser pessoas e coisas. A intenção inconsciente é violá-lo porque impera desde fora para o neurótico. O prazer da violação é imperativo, equânime à proibição, por sua vez totalitária e primária, contra as mais fortes apetências humanas.

Charles Darwin deduziu, a partir da observação dos costumes dos símios superiores, a hipótese de que a humanidade ancestral vivia em pequenas hordas dominadas pelo macho

---

[22] Freud, S. *Zur Einführung des Narzißmus*, op. cit., *Band* 10, p. 139.

mais forte, que detinha o poder absoluto e castrava os demais no acesso às fêmeas.

Eventualmente, esse macho era o pai real. Como ele costumava matar, expulsar ou castrar os jovens que desobedeciam à proibição, o trauma ocorre quando o agente é o pai. Assim, se perpetuou pela repetição desse fato. Temos, então, bem formado e definitivo, o ódio ao pai.

> Simplesmente porque houve Yahvé, e porque um certo discurso foi inaugurado, discurso que trato de isolar como o avesso do discurso analítico, a saber o discurso do mestre. Precisamente por causa disso não sabemos mais nada.
>
> É esta posição que o analista deve ter? Seguramente não. O analista – chegarei a dizer que pude experimentá-lo em mim mesmo –, o analista não tem esta paixão feroz que tanto nos surpreende quando se trata de Yahvé[23].

Condensando noções trazidas por Robertson Smith sobre o banquete totêmico, onde se sacrifica e come o totem, Freud constrói o mito retorcido de "Totem e tabu", no tempo lógico do inconsciente.

Os machos jovens preteridos, cujo ódio contra o pai aumentara a um grau que só poderia levá-los a algum ato, agruparam-se e o *ass-assinaram*, incorporando-o em seguida, com o gozo da devoração, e só depois, pela força adquirida, tomaram para si as fêmeas.

O laço de massa – *massebindung* –que se seguiu conjugou clã fraterno, matriarcado, exogamia e totemismo, sendo o totem a *Imago* do clã e antepassado comum do povo; um substituto do pai morto, um pai imaginariamente simbólico.

---

[23] Lacan, J. O Seminário, livro XVII, *O avesso da psicanálise*, Jorge Zahar Editor, Rio de Janeiro, 1992, p. 128.

Freud nos diz que o conteúdo inconsciente é por si uma propriedade universal da humanidade e nada alcançamos introduzindo um conceito de "inconsciente coletivo". Os sedimentos psíquicos do tempo originário tornaram-se herança adquirida que, em cada nova geração, não exige aquisição mas um despertar.

Lacan, com a teoria do significante, atualiza o mito freudiano de "Totem e tabu". Esse traço primordial é a marca de um ato que barrou o gozo absoluto do Outro; é o que permite ao sujeito inserir-se no discurso, fazer laço, habitar a linguagem. É a função significante do *Nome-do-Pai*, S_1, agente da dissolução do complexo de Édipo e introdutor do discurso do mestre. Não necessita de recalcamento, pois, afirma Lacan, já está recalcado desde sempre – *Urverdrängt*.

O recalcado originário produzirá o objeto forcluído – *verworfenen objekt* – objeto *a* que, lançado no discurso do analista será a causa de desejo. Aí, o *Nome-do-pai* é um ausente e, assim sendo, aponta para o sujeito suas relações com o saber e a verdade. É o introdutor da lei enquanto definitivamente recalcada no inconsciente.

Esse significante S_1 marca a particularidade do sujeito, apontando seus representantes no campo das representações S_2, campo do Outro.

No tempo do totemismo, a magia, o animismo e a onipotência de pensamentos eram formas de saber. São esses saberes que formaram a ilusão do nazismo. Há uma involução na experiência nazista. O totemismo retornou invertido na parafrenia de massa do nazismo e caímos no holocausto. Fantasia de eleição e circuncisão, que até então garantiam o pacto divino, entram em desfusão no campo de concentração. É o tempo do colapso da cultura.

Podemos evocar os três tempos do luto. O "tabu dos mortos" é o primeiro e contém a proibição tabu – *Tabuverbot* – de pronunciar o nome do morto. Transforma o falante em tabu e, se o indivíduo não perece por efeito do tabu, a comunidade age. É uma infecção – *Infektion* – que se exterioriza com violência particular na prática social com o morto e com os enlutados por ele. É a mais estranha proibição tabu. Essa evitação é regra geral entre os povos selvagens e se aplica com rigor. Sua violação é punida com a morte. Se o tabu não opera por si, como dissemos, a comunidade executa o ato. "Os mortos matam" – *Der toten töten* –, cita Freud.

Freud exemplifica com seu "enfermo tabu" que vivia o horror de ouvir seu próprio nome na voz do outro. Seu horror era de que o outro roubasse seu nome e desaparecesse com ele. A prescrição tabu do nome exerce, principalmente, proteção contra a hostilidade do espírito do morto. Como no inconsciente não há representante da morte, o morto foi objeto de um assassinato. Os desejos maus o mataram. Os sonhos de crianças são a concordância que Freud nos apresenta.

A prescrição no dizer quebra o prazer. Ajuda ao mesmo tempo na elaboração de uma perda dolorosa para o sujeito. A hostilidade ao outro, da qual nada se sabe nem se quer saber, é lançada, projetada – *geworfen* – a partir das percepções internas no mundo externo; assim, da própria pessoa é perdida e alienada em um outro. Nos selvagens aliena-se no morto, objeto perdido.

No delírio paranóico, a defesa por projeção transforma o morto num demônio. No delírio parafrênico, tal como vamos descrever, o semelhante, objeto externo ao laço da massa primária, é a prova real da crença no inferno. Introduz o afeto da segregação ao projetar o mal-estar na *Imago* do corpo do outro e aliena a perda de gozo.

O gozo que Freud descreve em "Totem e tabu" é desgraçado e nos diz, sabiamente, que esse é um luto perpétuo. No recalcamento promovido pelo judaísmo instaura-se um segundo tempo, apaziguador desse gozo. Introduz-se o mandamento com a proibição de pronunciar o nome de Deus, o que engendra punição se violado. É o avanço intelectual que vai da prescrição à escritura. Passo que promove uma clara acomodação do gozo desgraçado e da dor. Articula as funções do juízo na atribuição da existência de uma coisa no real. É um corte na onipotência de pensamentos e no animismo então vigentes.

O reconhecimento da função do pai é uma sublimação que representa um passo na apreensão da realidade como tal, conforme afirma Lacan no seminário da Ética.

> Nosso Pai, governante da vida e da morte. Profundamente comovida, nossa alma em Ti se abriga, nesta hora que é a mais solene do ano[24].

Só depois advém, no terceiro tempo do luto, o cristianismo, quando aquele que evocar o nome do Senhor será salvo. Senhor é, então, o Filho do Homem.

> É crendo de coração que se obtém a justiça e é confessando com palavras que se chega à salvação. A escritura diz que *Todo aquele que nele crer não será confundido.*
> Se com tua boca confessares a Jesus como Senhor, e em teu coração creres que Deus o ressuscitou dentre os mortos, serás salvo. *Porque todo aquele que invocar o nome do Senhor será salvo.* (grifado no original)[25].

Diz-se que na antigüidade o trabalho de escrever era muito penoso e lento por causa do material primitivo. Paulo

---

[24] *Machsor – Livro de rezas para os dias sagrados de Yom Kipur e Rosh Hashaná*, C.I.P e A.R.I., São Paulo, 1966, pp. 400-31.

[25] *Romanos*, 10.

ditou epístolas, que são cartas escritas em forma poética, a escribas profissionais, autenticando-as no final, conforme costume da época, escrevendo do próprio punho a última saudação: "Eu vos amo a todos em Cristo Jesus".

Tempo de conclusão, terceiro tempo do luto, quando a verdade encontrou sua via por aquilo que a escritura chama certamente de "o Verbo".

O nazismo implantou não uma regressão, mas uma involução na cultura. Ao obrigar por compulsão o povo a pronunciar o nome do *Führer*, excluiu ao mesmo tempo os odiados pela segregação. Aquele a quem era proibido, ou o que se recusasse a pronunciar, virava tabu e caía no campo de concentração. "*Heil* Hitler" – "Salvação Hitler", "Hitler sagrado". É impronunciável para judeus e outros.

A transmudação – *Umwandlung* – da *Imago* do judeu em objeto tabu nazi fez o holocausto. Assim se deu a forclusão da ética judaica e a suspensão do recalcamento promovido pela lei de Moisés. A fantasia da eleição divina mostrou sua face infernal com a instalação do seu pedaço irreal no campo de concentração. "*Von Himmel durch die Welt zur Hölle*" – "do céu através do mundo para o inferno"), cita Freud a Goethe.

Retoma-se o sacrifício humano em sua versão moderna. O sacrifício exige uma pessoa divina. É um ato de socialização entre a divindade e seus adoradores. Uma comunhão entre os crentes e seu deus. Sacrifício e festividade coincidem em todos os povos. O sacrificado e o sacrificador necessariamente eram do mesmo sangue. O laço sagrado é de sangue. E a vida da vítima, o objeto do sacrifício.

O totem foi gradualmente sendo substituído por deuses, numa série de modificações das condições de vida. Inicialmente, o deus em modelo humano portava a cabeça de um animal, mais tarde transformou-se, de preferência, nesse animal específico, que advém sagrado e o companheiro predileto. Freud nota que cada um dos quatro evangelistas tem seu animal de estimação.

À medida que as tribos e os povos se reuniam em unidades maiores, os deuses também se organizavam em hierarquias e famílias. Um deles era com freqüência elevado a soberano sobre deuses e homens e, por último, houve a decisão de atribuir todo o poder a um deus único e não tolerar outros deuses junto a ele. O progresso que se segue ao totemismo é a humanização do ser venerado.

> Só assim foi restaurado o senhorio – *Herrlichkeit* – da horda original do pai e os afetos – *Affekte* – que nele vigoram puderam novamente advir[26].

O judaísmo é uma religião do pai. A direção tomada por essa religião paterna não levou a um desenlace final. A ambivalência faz parte da essência do vínculo com o pai: no decurso do tempo, a hostilidade também não podia deixar de despertar, o que mais uma vez impulsionou os filhos a *ass-assinarem* seu admirado e temido pai.

Um crime que tinha de ser expiado pelo sacrifício de uma vítima só poderia ser um assassinato.

O "redentor" era o principal culpado, o condutor, o avatar do bando de irmãos que haviam avassalado o pai. O cristianismo transformou-se na religião do filho.

Era uma formação reativa edípica e normal na infância, que deve ser submetida ao recalque. O antigo Deus-pai obscureceu-se por detrás do Cristo. Veio em seu lugar, tal como cada filho varão ansiou fazê-lo naquele tempo originário[27]. Para Freud,

---

26 Freud, S. *Der Mann Moses...*, op. cit., p. 242.

27 Ibidem, pp. 193-4.

era a principal contribuição de Paulo, que apreendeu essa consciência de culpa e a chamou de "pecado original". Um homem de disposição religiosa, no sentido genuíno, diz.

A nova religião significou uma regressão cultural frente à antiga, a judaica. A religião cristã não manteve o grau da espiritualização – *Vergeistigung* –da judaica. Não conservou estritamente o monoteísmo, tomou numerosos rituais simbólicos de povos vizinhos, restaurou a divindade materna e impregnou-se de imagens que velavam a verdadeira origem politeísta.

O efeito regressivo foi o afastamento da escrita e as restrições aplicadas aos escritores. A renúncia às letras e a eleição da voz como objeto regrediu a cultura a uma captura narcísica. Daí para trás, só houve involução – *Rückbildung*.

No início era o verbo, mas não nos exacerbemos. Como daremos ao verbo tão alto apreço? De outra interpretação carecemos. Do espírito freudiano nos vale a direção e escrevemos em paz: era no início a ação.

Foi no Concílio de Nicéia que os três da trindade foram colocados em bases absolutamente iguais. Esses pensadores estavam no lugar do três mas não tinham o três enquanto número. Essa confusão de monoteísmo com a trindade, meramente verbal, tinha como objetivo elevar o filho ao *status* de um segundo Deus. Insistia-se na contagem narcísica do ser um. Essa "má-temática" conta sempre o mesmo, jamais a diferença. Erra nas contas e perde-se nelas. A partir daí, o cristianismo passou a ser monoteísta apenas virtualmente.

Montou-se rapidamente o Cristo genealógico do lugar do Jesus histórico introduzindo-o na "casa de Davi", o que garantiria a descendência direta de Abraão. O Evangelho segundo São Mateus se inicia desta forma para só depois apresentar a origem divina do messias: "Registro do nascimento de Jesus Cristo, filho de Davi, filho de Abraão"[28]. Há quem afirme que Jesus era realmente herdeiro da coroa davídica ao mesmo tempo que neto de Herodes, o que significaria uma reunião entre Israel e Roma. Jesus é primeiro inserido nessa suposta filiação e só depois se transmuda no messias cristão.

Davi foi o primeiro rei judeu que unificou as funções de político e sacerdote, costume egípcio antigo, adotado também pelos Césares de Roma. Durante seu reinado (de acordo com Isaac Asimov em sua "História Universal"), Davi reuniu, pela única vez (991 a.C.), os reinos de Israel e Judá. Essas fronteiras geográficas geraram os "limites naturais" bíblicos da terra prometida. O território que se dizia prometido por Deus aos descendentes de Abraão era o Império Davídico, afirma Asimov. Desde então, cada rei seria referido à genealogia de Davi, "o Ungido".

> Uma parte importante do ritual de consagração consistia na unção com um óleo sagrado. O óleo era usado naqueles dias para lavar o corpo, e a unção com ele representava uma purificação do pecado. A cerimônia da unção era tão importante que um rei, um alto sacerdote ou qualquer um que fosse ambas as coisas, era chamado "o Ungido". Em hebraico, a palavra correspondente era "meshiah", de onde deriva a voz "messias". O reinado de Davi foi suficientemente triunfal para parecer uma idade dourada aos homens de gerações posteriores. Em meio a todos os desastres que iriam sobrevir, a lembrança de Davi os alentou e os fez abrigar uma persistente esperança de que tais dias voltariam. A promessa está formulada do seguinte modo: "A tua descendência dei esta terra, desde o rio do Egito até o grande rio, o Eufrates"(Gn, 15, 18); mas só nos tempos de Davi e seu filho se cumpriu realmente essa promessa[29].

---

28 Mateus, 1.

29 Asimov, I, op. cit., p. 77 e seguintes.

A tendência é sempre a submissão do sujeito a um pai ideal, comum a todos, nomeado pela cadeia regressiva. A religião sempre nomeia um pai. Aprendemos com ela o saber nomear o pai. Mas a nomeação não coloca o sujeito em causa ou agencia sua constituição no campo do Outro. É o erro do nome. Representantes que não são os da representação do sujeito tomam o seu lugar. Não se efetiva a produção do *Nome-do-Pai* e a constituição subjetiva é ameaçada.

É o caso do messias filho de Deus. Este filho torna-se a subsistência do que já está morto desde sempre, portanto, um sonho perpétuo. "Tudo o que falamos da morte não desperta"[30]. O filho-messias é tomado como objeto de amor total no narcisismo da mãe fálica. É o amor do espírito santo. Afeta a temporalidade da constituição subjetiva com o comprometimento da filiação simbólica. Abre-se assim o caminho para a psicose.

Trata-se de saber que, quando se fala de um pai, fala-se necessariamente de um filho e este possui todos os atributos do pai, menos a paternidade.

Os cristãos, esses dissidentes do judaísmo, não conseguiam grandes ganhos dentro da comunidade judaica e dirigiam cada vez mais sua propaganda para os não-judeus. E faziam-no demonstrando que Deus retirara deste povo o benefício de sua eleição, para *transferi-lo a um novo Israel.*

Um ato que remodelou os ideais da religião original e deu-lhe contornos narcísicos definitivos com a aparição do messias. Por certo, em sua regressão cultural, foi uma atualização do pensamento religioso da época, que fundou a nova Igreja e que não tardou a atribuir a Cristo a natureza divina.

---

[30] Vidal, E. *Seminários da Letra Freudiana*, inédito.

O complexo judaico-cristão, resolvido definitivamente ao final do século XX, só depois do holocausto, lançou ao mundo a psicose de Hitler. Hoje, temos de nos haver com seu efeitos. Seu modelo de controle das massas permanece nas religiões e na mídia contemporânea. A questão atual, além do terrorismo e do fundamentalismo inaugurados no nazismo, são holocaustos e inquisições promovidos individualmente, por uns que se crêem em missão divina.

> Esse pai imaginário, é ele, e não o pai real, que é o fundamento da imagem providencial de Deus, e a função do Supereu, em sua última instância, em sua perspectiva última, é o ódio de Deus, recriminação a Deus por ter feito tão mal as coisas. Tal é, creio, a estrutura do complexo de Édipo[31].

A condução do cristianismo desdobrava-se com a premissa de que o povo judeu era criminalmente culpado.

O povo judeu desmentia com habitual obstinação a vinda do messias, pois ela significava a perda do privilégio da eleição e, conseqüentemente, a desagregação de seu laço de massa.

Na lógica religiosa, a vinda do messias é um paradoxo, uma vez que só deve ocorrer no futuro. A vinda do redentor trazia o reino da paz aos homens mas era, ao mesmo tempo, o fim da mensagem, pois sua missão divina aí se esgotava. O messias era então, obviamente, adiado. Com o cristianismo, a mensagem monoteísta termina e isso é insuportável para o ideal do eu judaico.

O desmentido – *Verleugnung* – dos judeus às novas concepções que reconheciam a culpa pelo assassinato levou-os a escutarem constantemente a recriminação: "Vocês mataram

---

[31] Lacan, J. O Seminário, Livro VII, *A ética da psicanálise*, Jorge Zahar Editor, Rio de Janeiro, 1988, pp. 368-9.

nosso Deus!". O cristão, diz Freud, admite ter feito o mesmo mas reconhece. Só assim é absolvido. Certamente, um erro de cálculo da consciência de culpa, que sempre se perde nas contas. A Inquisição realmente foi um fenômeno contábil, assim como o nazismo.

O ódio aos judeus radica em longos tempos passados. Efetiva-se desde o inconsciente dos povos – *Unbewußten der Völker.* Nem todas as censuras com que o anti-judaísmo persegue os descendentes do povo judeu podem apelar para justificação semelhante. O ódio ao povo que se declarou "o primogênito, a criança do Deus-pai", não foi superado entre os povos. É o veredicto de Freud no livro "Moisés".

Demonstramos deste modo a necessidade lógica do assentamento da clínica psicanalítica na cultura. O segundo tempo da fantasia de "Uma criança é espancada", *eu sou espancado pelo pai,* só se constrói na análise, pois "nunca teve existência real". A fantasia de eleição, vivida no primeiro tempo quando "outro é espancado pelo pai que ama só a mim", é desmontada na análise e o luto pela perda do objeto é vivido de uma vez para sempre.

Freud, nesse texto, insiste para os analistas não deixarem de atravessar sua fantasia fundamental. Sabia que a resistência à psicanálise é do analista. A proposição freudiana da construção do fantasma fundamental é função da dessubjetivação do analista, pois, em tempo algum, há ser do analista ou analista eleito.

Novamente, a principal força pulsional que obrigava os judeus a se segregarem, a circuncisão, *Imago* da eleição, teve efeitos. Era um ritual que causava impressão de estranheza, pois trazia uma parte do passado que foi esquecida com gosto: a castração que o pai primitivo infligia aos filhos.

O ódio anti-semita remonta à gênese, às fontes do cristianismo, pois os povos anti-semitas tornaram-se cristãos sob violenta coerção, são "mal batizados". Além de terem sido educados nos evangelhos, que contam uma história vivida entre judeus e que trata apenas destes, o que franqueou o deslocamento.

> Seu ódio dos judeus é, no fundo, ódio dos cristãos; não cabe assombrar-se, se na revolução social nacionalista alemã este íntimo vínculo das duas religiões monoteístas acha tão nítida expressão no tratamento hostil dispensado a ambas[32].

Freud parte do que chama de "traço de caráter dos judeus" na relação com os outros. Têm opinião elevada de si próprios, consideram-se mais eminentes e superiores a quem segregam. E se Deus enviara um messias, esse só poderia ser eleito entre o povo de Israel. Isso intensificou o ódio aos judeus.

A conclusão a que chega é que foi o homem Moisés quem imprimiu esse "traço significante – *Bedeutungsame* – para todo o futuro" no povo. Certificando em nome de Deus a eleição do povo, santificando-o, comprometeu-os a serem segregados dos outros povos.

> E como sabemos que por trás do Deus que escolheu os judeus e os libertou do Egito ergue-se a figura da pessoa de Moisés, que o fez supostamente por encargo d'Ele, atrevemos-nos a dizer: foi um homem Moisés que criou os judeus. E é a ele que esse povo deve não só sua tenaz vitalidade mas também boa parte da hostilidade que experimentou e ainda experimenta[33].

---

32 Freud, S. *Der Mann Moses...*, op. cit., p. 198.

33 Ibidem, p. 213.

III – O estrangeiro

Seguindo Isaac Asimov, Freud e outros autores, chega-se a várias conclusões. Uma delas é sobre o nome Moisés. É simplesmente a palavra egípcia "mose", criança. O "s" final constitui um acréscimo introduzido pela língua grega na tradução do Torah. Não se dá no hebraico, quando se pronuncia "Moshe".

Poder-se-ia esperar dos que reconheceram ser Moisés um nome egípcio um que aventurasse a possibilidade de que o portador do nome também fosse egípcio.

> O que obstava não se adivinha com segurança. Talvez seu respeito pela tradição bíblica fosse invencível. Talvez a representação de que o homem Moisés devesse ser alguma outra coisa que um hebreu tenha parecido uma enormidade[34].

Freud diz que o que primeiro interessa da pessoa de Moisés, desse *Führer*, como escreve, é o nome. Propomos estabelecer desde aí um nome freudiano do pai, o nome do *Führer*. Hebraico se lê da direita para a esquerda, mas *Moshe* – משה – lido pelo avesso é *Ha Shem* – o Nome. O livro do Êxodo, que apresenta ao povo a figura de Moisés, o legislador dos judeus na aventura simbólica, em hebraico é *Shemot* – שמות – Nomes. "E estes são os nomes dos filhos de Israel que vieram para o Egito com Jacob..."[35]. A função simbólica do nome é expressa nesse livro pelas falas de Deus, que falava a Moisés, que falava com Aarão, que finalmente falava com o faraó, que então dizia não.

---

[34] Ibidem, p. 106.

[35] *Êxodo*, 1.

Em 1492 a.C., de acordo com esses autores, houve uma revolução no Egito e Aton passou a único deus e seu representante, Akenaton, o faraó. É certamente a introdução de um corte radical, de uma lógica contrastante com a anterior, um politeísmo irrestrito. Revela-se um outro cálculo, um redutor que subtrai algo no discurso cotidiano, já que o deus passa a ser um único.

Amenhotep IV era o nome anterior do faraó, herdado do pai. "Amon está compadecido", é seu significado. Ele remodela seu nome e vem a ser Akenaton, "Aton está satisfeito".

O apogeu da civilização egípcia ocorreu nesta dinastia, a XVIII. Quando Akenaton ocupou o trono, seu país dominava desde o Nilo até o Eufrates, tendo a terra de Canaã como centro geográfico do império por um século. Isso transformou a região em polarizadora de mercadorias. Os comerciantes cananeus achavam que as complicações do sistema egípcio de escritura provocavam perdas financeiras. Precisavam desesperadamente de algo mais breve.

> Algum comerciante cananeu, um gênio anônimo, decidiu aplicar a idéia de fazer com que os símbolos representassem o som inicial, como às vezes faziam os egípcios, *e de usá-los com exclusividade* (...). Por que não fazer com que o símbolo para "boi" representasse o som cada vez que aparecesse?[36].

A escritura surgiu em diversos povos independentemente, mas a idéia do alfabeto parece ter surgido uma única vez: em Canaã, em algum momento anterior a 1400 a. C.. Foi logo adotado pelos egípcios, que já produziam o papiro e podiam escrever com pincéis. Biblos foi um centro de comércio do

---

[36] Asimov, I. "La Tierra de Canaan", op. cit., p. 40.

papiro, tanto que os gregos passaram a chamar ao papiro "biblos" e a um escrito feito sobre um rolo grande um "biblion". O plural desta palavra era "biblia"[37].

Imediatamente, os gregos o adotaram, através dos fenícios, mercadores marítimos. Alef, beit, guimel e daleth – א, ב, ג, ד – são as quatro primeiras letras do alfabeto hebraico. Daí advêm as letras gregas alfa, beta, gama e delta – α, β, χ, δ. Uma remodelação para facilitar a dicção em grego. Dos dois primeiros sons dos nomes de letra derivam nossa voz "alfabeto".

Com a invenção do alfabeto, e somente com ela, surgiu a clara possibilidade de que a gente comum aprendesse a adquirir a escrita. A escritura já existia há 15 séculos e era de domínio exclusivo do clero e nobreza.

> Tão associados estavam escritura e sacerdócio no Egito que os signos da escritura egípcia foram chamados posteriormente "hieróglifos" pelos gregos, palavra que significa "inscrições sagradas"[38].

A principal revolução de Akenaton foi a abolição da escritura sagrada e a popularização da escrita alfabética. Sua religião foi proscrita, assim como seu nome, mas este ato originou uma transformação na vida cotidiana que haveria de emergir mais tarde.

Na saga de Moisés há vários desvios e inversões, numa analogia com as outras lendas, que intrigaram muitas pessoas. A primeira família, em outros casos a aristocrática, foi modesta. O lugar da segunda família, em outros casos a humilde, foi tomado pela casa real do Egito: a princesa criou-o como seu próprio filho. Mas o principal desvio da lenda de Moisés em relação a todas as outras é a característica especial de sua história.

---

[37] Ibidem, p. 24.

[38] Ibidem, p. 42.

Normalmente, o herói eleva-se acima da posição humilde e a vida heróica do homem Moisés começou com ele descendo de sua posição elevada e baixando ao nível dos Filhos de Israel. Não obtendo provas objetivas do período ao qual a vida de Moisés e com ele o Êxodo do Egito deveriam ser referidos, Freud propõe que Moisés era egípcio. Daí, passa a trabalhar com o título: "Se Moisés era um egípcio...".

Então coloca a questão: o que induziu um egípcio nobre a colocar-se como *Führer* desse povo – estrangeiros, culturalmente atrasados – e a abandonar seu país com ele? A religião incutida nesse povo prevalece até hoje com o nome de religião mosaica. E como um só homem pode criar uma religião?

> Decerto, não faltava ao povo judeu no Egito alguma forma de religião, e se Moisés, que lhes deu uma nova era egípcio, não se pode desprezar a suposição de que essa outra nova religião era egípcia (...). Era uma religião egípcia, mas não a religião egípcia[39].

O contraste entre as duas religiões é enorme: a judaica é um monoteísmo rigoroso, o olhar humano não resiste a Sua presença. Na egípcia, há uma multidão de divindades; era um politeísmo irrestrito com inúmeras imagens. Os egípcios, na antigüidade, eram o povo que mais fez para negar a morte e Osíris, o deus dos mortos, era o mais popular e indiscutível. A religião judaica renunciou inteiramente à imortalidade.

Freud arrisca esta inferência: "se Moisés era um egípcio e se transmitiu sua própria religião aos judeus, foi a de Akenaton, a religião de Aton".

---

[39] Freud, S. *Der Mann Moses...*, op. cit., p. 116.

Em "Totem e tabu" afirma ser tabu a palavra polinésia para o *sacer* dos romanos e o *Kadish* dos judeus. Vamos, junto com Freud, ao "*Kadish* dos enlutados", na "Comemoração dos Finados", capítulo da *Haskará*, a "Rememoração", pronunciado no *Yom Kipur*, "Dia da Expiação ou perdão", data máxima da religião judaica.

> E Tu, Ó Deus! Pai de bondade infinita, fortalece em nosso íntimo a intenção de sermos dignos dos mortos que não necessitam mais de nosso auxílio, cientes e gratos por todos os sacrifícios feitos em honra ao Teu Nome e de nossa existência.
>
> Que todos saibamos cumprir a Sua vontade, que desta forma homenageamos o Seu Grande Nome, hoje e sempre.

Pronuncia-se, então, a profissão de fé judaica:

SHEMÁ ISRAEL ADONAI ELOHEINU ADONAI EHAD ESCUTA ISRAEL O ETERNO É NOSSO DEUS O ETERNO É UM[40].

O nome de Deus é 1. "Nesse grande dia o nome de Deus será UM". A mensagem monoteísta mosaica é a veiculação desse 1 único. É um que falta no real. Faz-se uma interdição simbólica no imaginário com a introdução do traço unário, que simboliza o imaginário no real do número e da letra, do matema. É o avanço na espiritualização ao mesmo tempo que é uma intelecção – *Insight.*

Ao não se poder dizer Deus, é introduzida a falta real pela impronunciabilidade. Não é uma proibição como nos mandamentos, e sim uma interdição de linguagem. É a lógica simbólica por

---

40 *Machsor* – Livro de rezas, op. cit., pp. 400-31. Grifado no original.

excelência, lógica do não todo, que conduz o sujeito à articulação do campo das significações. É um fato de estrutura.

Se o nome é impronunciável e ele é 1, é esse o cálculo diferencial: 1 que não se diz, menos se imagina. Conseqüentemente, o objeto desse discurso será simbólico, pois falta no real. O 1 é um nome que, numa especificidade, a do nome de Deus, se reduz a uma letra, possibilidade real de linguagem. Isto só poderia ser transmitido pela escrita, na ordem do traço. A mensagem monoteísta introduz o *Nome-do-Pai*, S_1: a função paterna. Adquire valor numérico pois, ao se fazer letra, produz um corte no gozo do Outro e estabelece as relações do sujeito com a falta.

Os rabinos dizem que o Torah advém no 2, ao iniciar-se com a letra *beit* – ב, a segunda do alfabeto: "No princípio criou Deus"... – "*Bereshit bara Elohim...*". *Beit* é casa.

O princípio é no 2. Por quê? Porque o 1 é um que falta, isto é, o zero. Constituímos assim o binário (0, 1). O um que falta – o zero, ou seja, a origem – é agenciado pelo nome indizível daquele que cria.

Temos, então, o gênio judaico e sua invenção: *Eheie asher eheie* – יהוה אשר יהוה – (Serei o que serei), *IHVÉ* – יהוה – e Adonai – יי –, que é a última forma de escrita do impronunciável.

Um nome é a contração do outro, até termos simplesmente as duas letras *yod* da última forma, dois traços apenas, como se escreve correntemente em hebraico – II –, traços que designam a inacessibilidade do dois, representada no real pela ausência de Deus. Assim se estabelece sua universalidade, pois, se falta no real, pode aparecer num lugar simbólico.

Temos decifrada a privação no ideal do eu. São traços únicos, unários como diz Lacan, material essencial da instância da letra. O ideal do eu quando iletrado se perde totalmente.

Não lida com algarismos e só pensa por imagens. É animista e sofre da onipotência de pensamento.

São três formas do nome impronunciável, o que calca de vez a sua escritura. A topologia judaica em seu enodamento traz na sua herança arcaica o legado dos povos.

Deus é um que não se diz, pois *ehie asher ehie* é, literalmente, serei o que serei.

> Se disser "serei", está indicando um tornar-se, um vir a ser – *werden* –, ou seja, tornar-me-ei sujeito, mas num ponto o "ser-me" não posso dizer. O ser de fato fica excluído, há um processo de vir a ser, "o que serei" é uma outra dimensão de sujeito que está presente[41].

A pergunta que fazemos é sobre a verdade nesse discurso. E mais, onde se localiza o objeto? E não nos referirmos ao fato de se consentir o ato sexual só para a reprodução, o que já é um ganho de prazer. O celibato, por exemplo, encobre algo.

A tradição se funda no discurso do mestre $S_1 \rightarrow S_2$. Por introduzir o sujeito na verdade do discurso, prepara-o para a entrada na linguagem. O *Nome-do-Pai* é o agente desse discurso. Freud faz uma torção, histericiza esse discurso, introduz o furo e promove, no discurso do analista, a produção definitiva do recalque originário.

$$\frac{a}{S_2} \rightarrow \frac{\$}{S_1} \qquad \frac{\text{agente}}{\text{verdade}} \rightarrow \frac{\text{outro}}{\text{produção}}$$

Deus não está morto, é inconsciente e instaurado aí enquanto lei de uma vez para sempre. Deus *ex-siste*. O inconsciente consiste num saber fundado no ato de leitura. É essa mesma a invenção de Freud. Feita a leitura, o que resta é seu

[41] Becker S. "Sobre a arte de calcular nomes", in *Revista Letra Freudiana*, 16, Rio de Janeiro, Revinter, 1996, p. 192.

rastro. A psicanálise promove que o sujeito ao menos saiba o que está escrito aí e jamais foi lido.

A superposição do texto religioso e tradicional na infância reprime a constituição do sujeito e o conduz a enfermidades neuróticas. A perda do seu conteúdo simbólico pela tradução, "Eu sou o que sou", introduz o gozo místico, que é do narcisismo primário e implica o sagrado "amar a si mesmo".

O "serei o que serei" original do texto é representado na temporalidade própria da instauração da cadeia significante. Uma versão que diz que o não realizado está aí, marca a falta a ser. No futuro, é a falta a ser que se transmite. Desde então, tudo pode ser lançado no campo do desejo, do ato, e Freud o fez.

Deus é Pai, e a partir daí podemos dizer: o Pai 1. Não se pronuncia o verbo ser em hebraico e nas outras línguas semíticas. O pai não *é* 1, é um pai – o pai 1.

A tradução latina inclui o verbo ser para não ficar ilegível, mas perde-se a linha lógica da numeração alfabética e a leitura cai no espelhismo do ser. Freud tem essa leitura lógica e em "Totem e tabu" dá "um nítido corte em tudo o que é religioso ariano". O pai 1, condutor dos ideais, não é a pessoa do *Führer.* É um significante primordial, o *Nome-do-Pai.*

No texto "Sobre a introdução do narcisismo" – *Zur Einführung des Narzißmus* –, Freud já institui o *Führer – Einführung.* Esse nome freudiano do pai conduz os ideais numa temporalidade que tem como função simbólica aplacar a violência do gozo do supereu em sua crueldade na aniquilação do objeto, eleito na identificação ao pai.

Ocupa no inconsciente a instância da "representação (coisa-) inconsciente do objeto abandonada pela libido"[42]. Freud

---

[42] Freud, S. *Trauer und Melancholie*, op. cit., *Band* 10, p. 443. [Luto e melancolia].

desenvolve esse conceito em "Luto e melancolia" (1915). A *Unbewußte (Ding-) Vorstellung des Objekt* é resignada pela libido, desenlaçada – *verlassen* –, pois há perdas reais. Põe o psiquismo em trabalho de luto.

A representação (coisa-) inconsciente do objeto é, podemos afirmar, a representação-fantasia do narcisismo originário da criança e deve abandonar a libido no desenlace do luto, na dissolução do Édipo. Fará a função do estrangeiro no psiquismo como representante do mundo externo. É o núcleo do complexo do semelhante.

Moisés era estrangeiro, incircunciso e ficou fora da terra prometida, lembra Freud. Cita os exemplos de condutores como Napoleão Bonaparte, de origem italiana, e Benjamim Disraeli, judeu italiano, como esperaríamos de seu nome.

Hitler era austríaco e notamos a total impossibilidade de uma construção simbólica de luto no nazismo, o que nos conduz a asseverar sua enfermidade e a pesquisá-la.

O *Führer* vem a ser o S_1 que domina o laço de massa no ato de nomear as pessoas e as coisas no campo do Outro, S_2. Forma os ideais: $S_1 \rightarrow S_2$. É a voz da *sozialAngst*, que ata o sujeito ao campo do Outro no momento da instituição da consciência moral – *Gewissen*. Transforma a libido narcísica em consciência de culpa e regula a identificação com o pai. Conduzirá o indivíduo em suas inferências no complexo do semelhante.

> A identificação é conhecida pela psicanálise como a primeiríssima manifestação de um laço sentimental com uma outra pessoa. O pequeno menino revela um interesse especial por seu pai: ele gostaria de tornar-se e ser como ele, ocupar o seu lugar em todos os sentidos. Digamos tranqüilamente: ele toma o pai como seu ideal[43].

[43] Freud, S. *Massenpsychologie und ichanalyse*, op. cit. *Band* 13, p. 115. [Psicologia das massas e análise do eu].

Freud segue a lógica de Maquiavel, que coloca o príncipe Moisés entre mito e realidade. Define assim o sítio do *Führer* na estrutura. Esse S_1, um único, fixa o sujeito no ideal, onde o imaginário toma sua consistência do corpóreo. É o representante real do que deve ser imaginado e não deve ser colocado de qualquer modo para o sujeito.

Maquiavel é o primeiro a estudar uma psicologia dos povos através da observação dos principados hereditários. Principado era o *domínio*, uma região ou país. Para conservá-lo o líder e condutor devia ser da mesma província e língua. Ele conhecia a alma do povo e o modo do pensamento imaginário das pessoas: "os homens gostam de mudar de senhor, acreditando com isso melhorar. Só mais tarde percebem o engano, pela própria experiência de ter piorado".

> Quanto aos que, pela própria *virtù* e não pela fortuna, se tornaram príncipes, digo que os melhores foram Moisés, Ciro, Rômulo, Teseu, etc. E, ainda que não se deva discutir sobre Moisés, uma vez que foi um mero executor de coisas ordenadas por Deus, ele deve ser admirado ao menos pela graça que o tornou digno de falar com Deus. Consideramos porém Ciro e os demais conquistadores ou fundadores de reinos: acharemos todos admiráveis e, se observarmos suas ações e modos peculiares de proceder, não nos parecerão discrepantes dos de Moisés. Era necessário, portanto, que Moisés encontrasse no Egito o povo de Israel escravizado e que este se dispusesse a segui-lo[44].

Assim (como o pai) é ilícito ser, isto é, não fazer tudo o que ele faz, decreta o supereu. Mas o ideal do eu é, ao mesmo tempo, ser (como o pai), informa-nos Freud em "O eu e o isso".

O domínio do *Führer* é propriamente o lugar do vazio, enquanto um que sempre faltará. Essa instância faltosa é efeito

[44] Maquiavel, N. *O Príncipe*, Martins Fontes, São Paulo, 1990, p. 25.

do recalque originário, fiador da lei da interdição. Introduz-se como o furo simbólico da privação real – *Versagung*.

A *Versagung* é traduzida na *Standard Edition*, versão inglesa da obra de Freud, por frustração. Lacan não aceita essa tradução e podemos concordar. *Versagung* indica uma falha radical no dizer. *Sagen* é dizer em alemão. *Ver* indica um furo.

A privação é algo real e seu objeto jamais passa de um objeto simbólico. "A ausência de algo no real é puramente simbólica"[45]. Introduzimos o sujeito na oscilação do zero ao um, necessária para que o número seja elaborado, pois exigimos que o estatuto do sujeito seja colocado, que conte.

A constituição do sujeito acontece nesse mesmo lugar vazio. É na experiência que vive o sujeito na análise, do vazio no ideal do eu, a experiência do zero como um que falta, que se prova na realidade que não há a pessoa do *Führer*, o que na religião jamais acontecerá. Na análise, o *Führer* é sempre uma obscura projeção imaginária, exercida para uma única introjeção simbólica, a do traço unário.

Podemos estabelecer agora o *Führer* como um dos nomes freudianos do pai. Sua função analítica é fazer enxame, desaparecer na inconsistência do ser, para somente vir a ser onde o isso era. Verificamos o *Führer* no tempo lógico, onde a presença do 2 antecipa a certeza de que 1 já era; isso era o *Führer*. Lança e fixa a falta a ser da análise.

Na religião essa temporalidade não ocorre. O condutor encarnará a *Imago* do *Führer* e terá de se haver com isso. Será interessante que este que toma para si a condução dos ideais faça análise.

---

[45] Lacan, J. O Seminário, livro IV, *A relação de objeto*, Jorge Zahar Editor, Rio de Janeiro, 1995, p. 37.

O *Führer* é um único e, ao mesmo tempo, um qualquer. Por isso, deverá ficar excluído no real para que um recorte no imaginário se faça: deve vir a ser um que não. Não é o caso do tirano, que surge quando há a suspensão da cultura. É o único que sim, a quem se deve obedecer o mandamento "Não matarás" e não um qualquer, pois ele mesmo não obedece.

O *Führer* é um significante que insiste em não se inscrever. Deve ser na análise uma produção simbolicamente real para o sujeito e portará o estranhamento da angústia de castração. Opera o recalcamento do pai imaginário na ocasião de uma experiência insuportável, a do assujeitamento ao gozo do Outro na infância. É o condutor da resolução do recalque no complexo de Édipo. Um resto produzido no discurso do analista quando da "privação no âmbito do ideal do eu"[46].

Produz-se no discurso do analista, para ser lançado de volta – *zurückzuführen* –, retroagido ao discurso do mestre. Produzirá nesse retorno ao discurso do mestre o objeto forcluído. Esse transcurso sedimenta o supereu como lei recalcada no inconsciente. Podemos falar, assim, do modo de uso do discurso do condutor no saber do analista.

Para o analisando, o analista tem um eu que podemos chamar de ideal. Para o analista é muito fácil assumir para o paciente o lugar de seu ideal do eu, ser *Führer*. É verdadeiro porque acontece facilmente e é falso porque emperra a análise. Se o analista se imaginar ideal, ele encarnará a *Imago* do *Führer* e, desse lugar, o falicismo imaginário da potência de Deus, o que conduz a castração à impotência e a análise fracassará. A privação no âmbito do ideal será primeiro da posição do analista.

---

[46] Freud, S. *Zur Einführung des Narzißmus*, in G. W., *Band* 10, op. cit., p. 170.

Faz-se no ato analítico a escrita da impossibilidade do que se conta em análise. Isso que se conta, escreve. É o próprio ato que não faz série nem rede, mas amarra os significantes do dizer, um em exclusão do outro. Faz valer um suporte analítico que leva o sujeito a uma mostração sem palavras, pois os significantes não fazem par, fazem enxame.

O analista é o agente da produção pelo analisando de um significante privilegiado no discurso: o *Nome-do-Pai.* Localizando a privação no âmbito do ideal do eu, Freud faz vigorar a função simbólica do falo. Reduz o ideal ao mito de "Totem e tabu", dando uma resposta ao falicismo aniquilador da segregação. O mito do pai morto demonstra que o objeto está perdido. A função do pai concreta que Freud nos apresenta sob o mito é a de castrador.

Na parefrenia, num ponto insabido houve colapso. O lugar da verdade foi extinto no discurso e forcluiu o *Nome-do-Pai.* O nome do *Führer* fará semblante do *Nome-do-Pai*, agora lançado no delírio.

A *Person des Führers* encarnará, sem mediação simbólica, o velamento da ocupação do objeto pelo ideal do eu. Com a involução que acompanha essa idealização da pulsão, ocorrerá a segregação do objeto exterior e sua remoção ao campo de concentração para a total deslibidinização. Utilizamos aqui o grafo de Freud no capítulo 8 da "Psicologia das massas e análise do eu", "Enamoramento e hipnose".

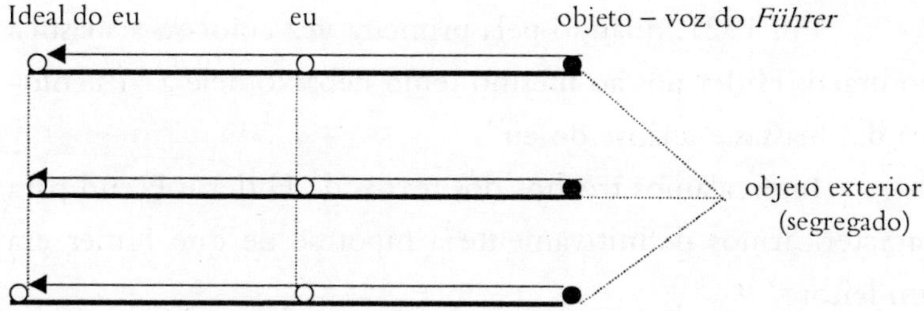

Um estrangeiro certamente conhece a ameaça do objeto exterior. Por isso será único no laço da massa. Sua voz será o objeto do laço primário da massa, será a voz do povo. Falará dos seus ideais. Amará igualmente a todos do laço. Seu nome será pronunciado em massa e sua *Imago* aglutinará as gentes. Como o *Führer* ama segregar o objeto irreal, o que é observado fora do laço, ele vira tabu e dever ser destruído. Aos de fora do laço, objeto externo e de estranhamento, a segregação.

A massa exige ilusões, nos diz Freud. O verdadeiro não tem precedência sobre o falso. O improvável não existe e a verdade é que, sendo amados da mesma forma pelo líder, vêm a ser idênticos entre si e assim o amam igualmente, identificando-se entre si. É o amor ao próximo que emerge do mal-estar na cultura e apazigua a angústia social.

No delírio hitleriano, tal como descrevemos, o objeto externo segregado é prova real da crença no inferno. O discurso messiânico é inconfundível nos delírios assim como a crença no inferno. "Persuadir os cidadãos de sua existência fará com que se comportem como se soubessem a verdade"[48].

---

[47] Freud, S. *Massenpsichologie und Ich-analyse, Band* 13, op. cit., p. 128.

[48] Arendt, H. *A dignidade da política*, Relume-Dumará, Rio de Janeiro, 1993, p. 69.

Em 1921, quando pela primeira vez colocou a suástica no braço, Hitler pôs ao mesmo temo debaixo dele a "Psicologia das massas e análise do eu".

Intercalamos trechos dos textos de Hitler e Freud para caracterizarmos definitivamente a hipótese de que Hítler era um leitor.

> A tarefa da propaganda não é a educação científica dos indivíduos, mas sim chamar a atenção das massas sobre determinados fatos, processos, necessidades etc., cuja significação só assim cairá no horizonte das massas.
>
> A arte está exclusivamente em fazer isto de um modo tão perfeito que provoque a convicção da realidade de um fato, da necessidade de um processo[49].
>
> A massa é extremamente influenciável e crédula facilmente, é acrítica e o improvável não existe para ela. Ela pensa em imagens que se evocam associativamente uma após a outra, tal como têm lugar num sujeito em estado de livre fantasiar, e nenhuma instância razoável medirá sua harmonia com a realidade. Os sentimentos das massas são sempre muito simples e exaltados. A massa não conhece, portanto, nem dúvida nem incerteza[50].
>
> A arte reside na compreensão do mundo das representações e da medida dos sentimentos das grandes massas[51].

No primeiro capítulo, "Na casa dos pais", Hitler ocupa de assalto o lugar de objeto do ideal do eu alemão. Tornara-se um pequeno *Führer*, já na infância, "ele próprio difícil de conduzir".

> A Áustria alemã deve regressar à grande terra mãe alemã – *Mutterlande.* Quando a fronteira do Reich contiver o último alemão, se verificar que

---

[49] Hitler, A. *Mein Kampf,* op. cit., p. 196.

[50] Freud, S. *Massenpsychologie und Ich-analyse, Band* 13, op. cit., pp. 82-3.

[51] Hitler, A. *Mein Kampf,* op. cit., p. 136.

> é incapaz de alimentá-los, da necessidade deste povo nascerá o direito moral de conquistar terras estrangeiras[52].

A introdução do povo no narcisismo hitleriano remodelou os ideais alemães.

Zur Einführung des Narzißmus se transmuta em *Zur Ein Führer des Nazismus* – "sobre um *Führer* do nazismo".

Não devemos nos surpreender com isso e é lícito ir até onde nos leva.

IV – A criação da representação de coisa "judeu-objeto"

Roma sabia diferenciar judeus e cristãos já no início do século II. Na época em que o Imperador Adriano proibiu a circuncisão, estourou a sangrenta revolta de Bar-Kochba (135 d.C.). Antonino, seu sucessor, restabeleceu a liberdade do culto judaico, mas com o cuidado, a fim de opor à propaganda do judaísmo, de manter a interdição de circuncidar não-judeus, sob pena de morte ou banimento.

Durante mais de dois séculos os cristãos seguiram o calendário judeu. Nos dois ou três primeiros séculos, a Igreja ainda não estava hierarquizada e não existia nenhuma entidade suprema universalmente reconhecida.

Na competição pela formação de novas fileiras, judeus e cristãos disputavam os gentios. Nesse confronto corpo a corpo, o judaísmo poderia atrapalhar e atrair muitos adeptos do cristianismo que florescia. Criou-se, então, o que foi mais tarde chamado de "anti-semitismo teológico".

---

52 Ibidem, p. 1.

Os "assassinos do Salvador" deviam ser expulsos e outros serem chamados por Deus à bem-aventurada eleição. A questão religiosa funde-se agora com a implacável prática humana: a política. O destino do povo judeu começava a ser remodelado por outras mãos que não as suas.

A partir daí, a liturgia cristã trata de transformar a significação das festividades. Paixão e Ressurreição do Senhor vêm a ser a Páscoa remodelada. Em seguida, comunidades cristãs, de Roma em particular, pedem a mudança definitiva do calendário: um cálculo independente, para não se verem na humilhante dependência dos números judaicos.

Na Sexta-feira Santa reza-se pelos gentios e pelos judeus. Nos evangelhos já se discerne tal diferenciação. Desde o século IV ouvem-se pregadores lançarem contra os judeus acusações de uma violência inimaginável:

> "Homicidas do Senhor, assassinos dos Profetas, rebeldes e odientos para com Deus, ultrajam a Lei, resistem à Graça, repudiam a fé dos seus pais. Comparsas do Diabo, raça de víboras, delatores, caluniadores, sinédrio do demônio, inimigos de tudo aquilo que é belo." (Gregório de Nisse em Patrologie greque de Migne). Dessa tradição de anti-semitismo procederá em particular o temor supersticioso aos judeus[53].

Pode-se admitir a hipótese de que a implantação dos dois cultos no Ocidente foi contemporânea e análoga, por conversões, com o judaísmo precedendo ao cristianismo e lhe servindo, como no Oriente, de veículo indispensável. As decisões concilares dos séculos V e VI mencionam os judeus e sua influência: proíbem os cristãos de comer com os judeus, de casarem-se com eles e de comemorarem a Páscoa juntos. As popu-

---

[53] Poliakov, L. *História do anti-semitismo I*, op. cit., pp. 21-2.

lações cristãs ainda eram inseguras em sua fé e a propaganda judaica seria perigosa e causava inquietação aos condutores da Igreja. Estava sacramentada a divisão que deixaria ambos os cultos em estado de tensão durante quase vinte séculos.

O Arcebispo Agobardo (778-840), "o homem mais esclarecido do século", ficou muito preocupado com a influência adquirida sobre suas ovelhas pela colônia judaica de Lyon. Redigiu cinco epístolas anti-judaicas, pois o Imperador Luís, o Piedoso, não atendia a seus pedidos de retirar os privilégios dos judeus.

> Com qualquer benevolência que os tratemos não conseguimos atraí-los à pureza de nossa fé espiritual. Ao contrário, muitos dentre nós, partilhando habitualmente com eles o alimento do corpo, deixam-se também seduzir por seu alimento do espírito. Os judeus, abusando da credulidade dos cristãos, vangloriam-se enganosamente de sua ascendência. Amaldiçôo a infidelidade dos judeus e procuro proteger o povo cristão do seu contágio. Publiquei várias ordens severas, a fim de arrancar o mal pela raiz[54].

A discussão se coloca inteiramente no plano de uma polêmica religiosa. Seus sucessores reiteram suas afirmações. Em 848, o Concílio de Meaux exige a aplicação das decisões que acarretarão a deterioração da situação econômica dos judeus. Mas não era ainda o caso, pois a Europa feudal se fragmentava.

É no curso do século IX que se constata pela primeira vez uma modificação significativa na liturgia católica romana. Se até então o costume era rezar sucessivamente pelos catecúmenos, os judeus e os pagãos e nos mesmos termos, ajoelhando-se após cada prece, doravante os missais trazem *PRO JUDAOEIS NON FLECTANT* (não se ajoelhem pelos judeus).

---

[54] Ibidem, p. 29.

> Assim, fica marcado que o judeu pertence a uma categoria à parte, que ele é outra coisa e se anuncia uma concepção cujos plenos efeitos se farão sentir vários séculos mais tarde[55].

A arte dramática da Idade Média, com gênese na liturgia, e agora sem as proibições de encenar as festas religiosas, cria o teatro religioso, onde a vitória da Igreja sobre a Sinagoga será o tema favorito. E o tema se populariza. A Igreja é personificada sob o semblante de uma jovem resplandecente e a Sinagoga como uma viúva de olhos vendados. Mas a segregação ao judeu não passa daí.

O judaísmo ainda exerce forte moção e não se verifica anti-judaísmo popular. Os judeus multiplicam suas colônias pela Europa carolíngia. Vivem de suas próprias leis e administram a si próprios, como privilégio concedido pelos nobres, reis e bispos. A erudição talmúdica refloresce às margens do Reno e do Sena, na mesma época em que entra em decadência na Babilônia. Por certo, os cronistas da Igreja cada vez mais tendem a ligar a palavra judeu a alguma coisa malsoante e estranha. As conversões ao judaísmo, entretanto, continuam a acontecer.

No dia 27 de novembro de 1095, o Papa Urbano II decide pregar a primeira Cruzada, sem suspeitar da enorme ressonância que alcançaria seu apelo através do mundo cristão. No que concerne aos judeus, gerou a marcação de um destino singular e único na Europa.

Gente comum, cavalheiros e monges, tendo abandonado suas casas, tinham um caminho de um destino fabuloso. "Deus o quer", eles ouviam. Eram os vingadores de Deus e estavam encarregados de todos os infiéis.

---

55 Ibidem.

Conseqüentemente, surgem raciocínios de lógica cruel como: o que pode haver de mais natural do que se vingar daqueles poucos infiéis que vivem num lugar cristão? Pretextos para as pilhagens não faltaram e os autores dos principais massacres de judeus não foram os Barões das Cruzadas mas sim a turba que os precedia. Assim como na Alemanha nazista, quando a população encarnou voluntariamente o papel de carrascos. O espírito de pilhagem comandava as ações e fica caracterizado nas empreitadas de Emicho de Leisingen, que extorquia os judeus antes de assassiná-los, com a desculpa de protegê-los. A ideologia vigente colocava a cínica alternativa que os judeus eram inevitavelmente obrigados a escolher: o batismo ou a morte. Se batizados, deviam doar todos seus bens, pois eram hereges, caso contrário...

Foi na Alemanha, onde as comunidades judaicas eram as mais numerosas da Europa, que foram sistematizados os ataques mais sangrentos. A primeira tentativa de chacina teve lugar aí em maio de 1096, mas os bandos de Emicho foram dispersados pelo Bispo local. Mas, a partir daí, houve o que ficou conhecido como o "Fatídico Verão de 1096".

Palavras do cronista Salomão Bar Simeão: "Em 25 de yar, o terror desceu sobre aqueles que se abrigaram no palácio do Bispo. Os inimigos os mataram a fio de espada. Fortaleceram-se a exemplo de seus irmãos, deixando-se assassinar e santificando o Nome..."[56].

O Deus incógnito, em nome da nova eleição, revelar-se-ia finalmente. A palavra de Cristo, o filho de Deus, devia ser semeada. A palavra, assim como na "palavra da aliança" do pacto de Abraão e Deus, ocupa um lugar que lhe é inadequado.

---

[56] Ibidem, p. 32.

A palavra, na nova versão da fantasia de eleição divina, que doravante tem em seu fantasiar o modelo da mãe purificada e a representação de um Espírito Santo como fecundador, aliena, na intelecção da criança, a função simbólica do sêmen. Há o emperramento da dissolução do complexo de Édipo, da desmontagem das identificações ao pai e a mãe. A ambivalência amor-ódio dessas identificações é levada ao extremo da desfusão e sabemos que o ódio prevalece pela sua função marcadamente separadora.

Cada vez que uma onda de fé arrebatava a Europa, o ódio aos judeus se intensificava. Seu destino é marcado na medida em que "os impulsos poderosos do coração procuram saciar-se na ação". A incisão deixada pelas perseguições imprimiu na alma judaica uma marca difícil de apagar.

As sombrias lendas de assassinato ritual, hóstias profanadas, crenças em sociedades secretas judaicas, são o que, já no século XII, anuncia o que se chamará o mito dos Sábios de Sião, o mais conhecido tratado sobre as supostas relações dos judeus com o demônio e suas sociedades secretas, que iriam dominar o mundo pelo capital, muito divulgado no século XIX, na era nazista e na Rússia dos czares.

A época marcada pelo genocídio da população judaica na Alemanha e áreas conquistadas foi de 1938 a 1945. É possível afirmar que o efeito da divulgação dos "Protocolos" está na origem do ódio, das perseguições e da tragédia que caracterizaram a era de Hitler para os judeus.

O partido social nacionalista se apoiava, em grande parte, na tese anti-semita dos "Protocolos dos Sábios de Sião", apresentando o extermínio dos judeus como tese partidária. Essas publicações encontraram grande aceitação no mundo pós Primeira

Guerra, em meio à crise econômica e social que assolava a Europa. Na Rússia, em plena revolução comunista, essa aceitação transformou-se nos *Pogroms*, palavra que significa destruição. Freud estava avisado dessas teses e instruído no assunto.

> É à religião do pai originário – *Urvater* – que se enoda a esperança de uma recompensa, uma distinção e, por fim, um domínio do mundo. Esse último voto de fantasia – *Wunschphantasie* – abandonada pelo povo judeu há muito tempo, vive ainda hoje entre os inimigos do povo com a crença no juramento do "Sábio de Sião"[57].

No apogeu do poderio pontificial, no Quarto Concílio de Latrão, em 1215, duas medidas tomadas originaram novas lendas, que têm os mesmos efeitos sobre a população: a imposição do uso de um *signo* distintivo aos judeus (uma rodela) e a condenação expressa de seus livros sagrados:

> Nas regiões onde os cristãos não se distinguem dos judeus por suas vestimentas, houve relações entre judeus e cristãos e vice-versa. A fim de que tais enormidades não possam futuramente ser escusadas pelo erro, fica decidido que, doravante, os judeus dos dois sexos se distinguirão das outras pessoas por suas vestimentas, assim como, aliás, já lhes fora prescrito por Moisés. Não se mostrarão em público durante a Semana Santa[58].

A cor da rodela imposta era o amarelo que, na Idade Média, designava os invejosos e maus. Um círculo que implanta o que chamamos de "má temática". Os judeus tentavam esquivar-se da medida que provocava o riso e a raiva das massas. Foram dispensados do seu uso durante as viagens, o que demonstrava que as autoridades sabiam dos riscos que corriam seus portadores. Em 1435, o Rei Afonso ordenou aos judeus da

---

[57] Freud, S. *Der Mann Moses...*, op. cit., p. 190.

[58] Citado em Poliakov, L. *História do anti-semitismo I*, op. cit., p. 154.

Sicília que pusessem uma rodela também no alto de suas lojas. A partir do século XVI, os artistas quase não os representavam de outro modo, mesmo se tratando de temas bíblicos. O círculo é precursor das estrelas de Davi amarelas do nazismo e, numa deformação definitiva, das tatuagens do campo de concentração.

Essa marca visual, que agora caracteriza os circuncidados, grava nos espíritos que o judeu é um homem de outro círculo, outro aspecto físico, radicalmente diferente dos outros homens; a formação de tal idealização implicou no nascimento de diversas lendas e diabolismos, que terão seu desfecho na verdade imaginária de que o judeu é um ser *corporalmente* diferente, que pertence a algum outro reino que não o do gênero humano. É um ideal parafrênico.

Começa a cristalizar-se a remodelação que produziu a psicose do holocausto, quando pessoas judias foram tomadas como representação de coisa, essa que, necessariamente, se não se abandona, se sacrifica.

Caracterizado por imagens agudamente fantásticas, "judeu" foi, no imaginário dos homens, atado onde se evoca o horror ao estranho. "Judeu" se transformou na representação do sinistro, do mal encarnado. Essa formação de sintoma produziu uma fixação no discurso ao longo do tempo e só foi suspensa séculos mais tarde, só depois do advento do holocausto.

Paralelamente, a segregação se acentuava, confinando os judeus a uma posição equivalente no social à que a *Imago* passou a ocupar na fantasia popular. Essas transformações os empurraram para seu papel econômico particular.

Os judeus eram os comerciantes por excelência da Europa Carolíngia e foram, particularmente, os únicos mercadores a manter contato com o Oriente. Mas não tinham o monopólio do comércio. Venezianos e bizantinos, desde o século X, detinham grande parcela do mercado comercial internacional. Na economia rudimentar da época, baseada na produção de uso, a moeda desempenha um papel insignificante. Em contrapartida, o papel do usurário é enorme precisamente porque o dinheiro é raro.

Mas com a abertura da rota da Ásia no século XII, as especiarias, os gêneros preciosos e de luxo vêm nos navios italianos e não mais pela temerária rota terrestre. O comércio recebe então um grande impulso. Com isso, as cidades florescem depois de um longo período de estagnação e há uma mudança econômica fundamental: uma economia de uso é substituída por uma economia de trocas. Começa aqui o deslocamento dos judeus do comércio para a usura.

Desde a Primeira Cruzada, estava semeado o que iria obrigar os judeus a transformarem todos seus bens em patrimônio líquido, em haveres facilmente dissimuláveis em caso de perigo, isto é, em ouro e prata. Como a moeda era bastante rara na época, quem a detinha transformava-se naturalmente em prestamista. Foi o que ocorreu com os judeus, assim como com os estabelecimentos eclesiásticos e mercadores cristãos, que já haviam arrebatado o lugar dos judeus no comércio. As rotas internacionais foram proibidas aos mercadores judeus.

Desfavorecido em todas as outras áreas, o judeu dispunha, em compensação, de uma vantagem peculiar: não estava sujeito às censuras eclesiásticas, que nunca havia conseguido eliminar a usura cristã. A usura era considerada um grave pecado e era submetida, já no século XIV, à Inquisição. O próprio Talmud a ela se opunha, mas chegou a época em que mesmo os rabinos se adaptaram às circunstâncias: "Na hora que corre, quando um judeu não pode possuir nem campo nem vinhas que lhe permitam sobreviver, o empréstimo a juros torna-se necessário e em conseqüência autorizado".

A sociedade organizou-se em hierarquias e o judeu passou a ser "espremido"; "extrai-se deles seu dinheiro"; "pertencem aos barões", como se dirá na França. Nas palavras de um jurista inglês: "O judeu nada pode ter de próprio; tudo o que ele adquire se torna propriedade do rei, e não sua; os judeus não vivem para si mas para os outros; assim, é para os outros que ele adquire e não para si".

O direito à vida, que a sociedade concede ao último dos camponeses, o judeu precisa *comprá-lo*, a intervalos regulares. Assim como a representação de coisa, o judeu toma uma posição particular nas cadeias associativas do pensamento, o significante "dinheiro" adquire sentido quase sagrado para o homem judeu. Sua situação era temível, pois só podia preservar sua vida através do dinheiro. Precisava dele como do ar que respira. Sem ele, tornar-se-ia um pária e certamente seria implicado num caso de assassinato ritual ou de envenenamento.

É importante especificar que os judeus não dominavam os negócios e sempre tiveram a concorrência cristã. Mas os usurários cristãos acabaram por integrar a sociedade e desaparecer. O usurário judeu, por sua vez, sobreviveu como modelo, cristalizando-se como representação de coisa no inconsciente precisamente, porque no imaginário do sintoma fundia-se com outro enunciado de peso da cristandade: Judas Iscariotes, o homem dos trinta dinheiros.

O judeu ficou singularizado numa imagem rapidamente evocada, que sobreviveu até há pouco tempo e que criou entre os não-judeus e judeus uma tensão irredutível. A partir daí, as considerações de ordem religiosa passam ao ato e os judeus são expulsos de onde quer que estejam e seus bens confiscados. Deve-se acrescentar que os imperadores do Santo Império cobravam os impostos não dos judeus como indivíduos mas de suas comunidades, o que reforçou sua organização comunitária. Montesquieu exprime a situação dos judeus: "Confiscavam seus bens porque queriam ser cristãos, e logo depois mandavam queimá-los quando não queriam sê-lo".

Ligadas às matanças da Primeira Cruzada e seus traços indeléveis na memória dos judeus, as calamidades que se abatiam sobre Israel passam a representar um desencadeamento dos elementos naturais e não mais uma luta entre dois campos. Os pecados do povo eleito ainda não foram expiados; conclui-se: "Nossos pecados permitiam ao inimigo triunfar. A mão do Senhor tombou pesadamente sobre o seu povo... Nós somos os culpados".

Longe de os abalar em sua fé na justiça divina, as provações causam nos judeus a estratificação de um gozo masoquista por definição e, desde então, o martírio de certo modo torna-se instituição. Cada nova vítima do ódio cristão tombou para santificar o Nome do Pai. O martirológio é descrito em prosa e verso.

Não é portanto espantoso que, séculos mais tarde, surja Freud, um judeu de família tradicional, também perseguida, que, com seu gênio e portando todos esses restos mnêmicos, dissecará a questão masoquista do sujeito, em textos como "O problema econômico do masoquismo" e "Uma criança é espancada". Tema que percorrerá toda sua obra e que nos aponta algo da questão de a psicanálise ser inventada por um judeu.

Ao ódio cristão, os judeus respondiam com ódio não menos intenso, mas necessariamente sufocado – *Unterdrückt* –, pois tinham que descobrir uma via, um canal para exaurir toda essa força acumulada. O estudo da Lei era um desses canais, estava acima dos bens terrenos e nunca havia sido seguido com tanto ardor.

Mas a apresentação do mundo, para o judeu de então, acontecia pelo dinheiro. Mundo detestável e hostil que estava indissoluvelmente ligado, atado a essa coisa. Suas forças tinham de vincular-se na incansável busca do dinheiro e na luta pela vida. Sem o dinheiro, a morte espreitava, a expulsão era certa. O dinheiro passa a ser superestimado. Em reação às perseguições, começa a se estruturar a muito particular formação psíquica dos judeus que, ao mesmo tempo que a natureza de seu ofício, atiçará ainda mais o ódio cristão, obsedando suas almas.

O século XII foi um período de grande desordem política e de anarquia na Alemanha. Houve, na pequena cidade de Rottingen, um caso de hóstia que teria sido profanada pelos judeus (1298). Um habitante da cidade que se chamava Rindfleich amotinou a população, exortando-a à vingança. Seu bando precipitou-se sobre os judeus, que foram mortos e queimados até o último. Mas não parou por aí. Seu bando, os *Judenschachter* (abatedores de judeus), ia de cidade em cidade, incendiando e saqueando os bairros judeus e massacrava os habitantes, salvo os que se deixavam batizar. A novidade no caso era que, pela primeira vez, por causa de um crime imputado a um ou alguns judeus, todos foram responsabilizados. Trata-se do primeiro caso de "genocídio" de judeus na Europa cristã.

> O século XIV será repleto dessas tragédias e será conhecido como "O Século do Diabo". No fim, restaram apenas alguns punhados de judeus miseráveis e errantes, enquanto nas populações se constitui o anti-judaísmo propriamente dito[59].

---

59 Ibidem, p. 84.

Estava definitivamente disseminada a verdade imaginária da representação de coisa do "judeu-objeto", causa do horror. Nesse delírio de observação, encontraram no real símbolos vivos dos desejos mais ocultos do homem. A coisa "judeu-objeto" está fora da espécie humana, é excluída, corporifica o mal e deve por isso ser removida. Era esse o dito de Hitler. O campo de concentração foi o fenômeno da deslibinização definitiva dessa representação-fantasia.

Freud, no escrito "A negação", escrevendo sobre as pulsões de vida e de destruição, afirma que numa desfusão pulsional prevalece o "prazer universal de negar" – *Verneinungslust*. Esse conceito de negativismo, "de mais de um psicótico", se aplica nesse estado de coisas[60].

O século XIV é quando começa a fragmentação do edifício monolítico da cristandade medieval e foi, sem dúvida, o século europeu mais fértil em catástrofes e crises. Algo parecido com o século XX. A Guerra dos Cem Anos, a maior fome que já se abateu sobre a Europa, e a Peste Negra são exemplos.

Um movimento que perpetrou grandes massacres de judeus foi os *Pastoureaux* que, com sua Cruzada, exterminou as comunidades judias de Auch, Gimont, Toulouse, etc. Os relatos dos cronistas da época nos trazem o que foi este "Martírio da Fé". Não vamos perfilar os horrores e atrocidades.

Mas o turbilhão irreal não se detinha. Difundia-se por toda parte a acusação de que a judiaria maquinava a perdição da cristandade em seu conjunto, envenenando os poços com drogas compostas de sangue humano, urina e pó de hóstias e de que estaria tramando esse plano juntamente com os leprosos.

---

60 Freud, S. *Die Verneinung*, in *A Negação – Revista Letra Freudiana*, nº 5, Rio de Janeiro, 1988, p. 15, tradução de Eduardo Vidal.

A Peste Negra, que matou em três anos, de 1347 a 1350, um terço ou mais da população européia, selou definitivamente o destino dos judeus, cuja imagem, aos olhos dos cristãos, será marcada pelo halo de enxofre e das cinzas das fogueiras, única profilaxia possível.

A idéia de peste veio do Oriente para a Europa. Abarcava também os indivíduos maus, de instintos perversos. A Peste Negra parece ter-se originado na Índia e ter-se propagado até o Mediterrâneo, dizimando o sul da França, em seguida atingindo Inglaterra, Alemanha e Polônia. Por vários séculos, permaneceu sob forma endêmica. Desenvolveu-se de 1346 a 1553.

"Por que esse flagelo?" – perguntavam-se os espíritos. Uma resposta comum: Deus deu inteira permissão a seu antagonista, Satã, para castigar a cristandade e este agia por meio de seus agentes, que poluíam a água e o ar. E onde poderia Ele recrutá-los senão no seio da escória da humanidade, entre os miseráveis e, sobretudo, entre os judeus, povo de Deus e do Diabo ao mesmo tempo?

A partir desse momento, os judeus do Santo Império Germânico formarão o ramo principal do judaísmo. O processo de sua degradação será singular, pois ocorreu num território fragmentado, o que permitiu a esses judeus subsistir. Na época, uma expulsão geral da Alemanha era impossível. Mas essa expulsão, séculos mais tarde, transformou-se, sob o signo do hitlerismo, em "solução final" e suas raízes estão justamente aqui, nos testemunhos dos escritores da época. Hitler era versado na maioria deles, mesmo os mais antigos. Seu interesse se dirigia para onde quer que houvesse a coisa "judeu-objeto", e os escritos desse período eram férteis.

O *Mein Kampf* retoma no século XX a representação de coisa "judeu-objeto". É com a remodelação dos ideais no nazismo que a coisa "judeu-objeto" é conduzida ao campo de concentração, lugar do objeto irreal.

Em 1343, os judeus alemães perdem o direito de cidadania. Nesse ano, o Imperador Luís, o Bávaro, dá um desfecho lógico à teoria da "servidão" dos judeus, declarando: "Vós nos pertenceis, corpos e bens, e podemos fazer convosco como nos aprouver e como quisermos." Foi instituída a "captação", taxa de um florim que todo judeu maior de doze anos pagará ao tesouro imperial. Todo aquele que paga tributo pelo seu corpo não deve ser considerado como cidadão, diz a concepção medieval.

Esse ato conclui definitivamente o vínculo do judeu com o dinheiro. O dinheiro, que já era, enquanto matéria, absolutamente necessário para a sustentação da vida, passa a ser objeto de uma projeção imaginária única. Passava a fazer parte da representação do corpo próprio um fragmento que, na realidade, é efetivado pelo dinheiro.

A coisa "judeu-objeto", principalmente na Alemanha, passa a ser vinculada a dinheiro. Não mais se pensa judeu sem pensar dinheiro, quer ele o tenha ou não. Se tivesse, perdia-o, se não, perdia a vida. Para o próprio judeu, o dinheiro passa a ter uma significação de extrema ambigüidade. A um só tempo lhe preservava a vida e era a causa de sua morte, mas nunca era seu, sempre do Outro. E isso ficou marcado como resto mnêmico para gerações futuras. Ao não-judeu, restou o par imaginário "judeu-dinheiro", conseqüência psíquica da falsa semelhança. É uma especularização sem precedentes.

As expulsões terminaram em 1519, quando os padeiros já não lhes vendiam pão, ninguém lhes moía a farinha e as feiras só eram abertas para eles quando os cristãos já haviam ido para casa.

> "Foi assim que aconteceu que não tinham mais residência fixa na maior parte da Alemanha, autorizados somente a permanecer alguns dias, mediante pagamento de um direito de pedágio. Se sua situação nas terras alemãs desde as Cruzadas era pouco segura, é unicamente no fim da Idade Média que se tornam judeus errantes, vagabundeando de cidade em cidade, sem dispor de quase nenhum lugar de moradia fixa". Escreve um especialista em Direito Medieval alemão[61].

Esta é outra versão da representação-fantasia da coisa "judeu-objeto" e nasce na Alemanha. O judeu errante, sem lugar fixo, sem um sítio, pois nada possuía nem podia adquirir. Situação estranha, ser nada em lugar algum. Mas são esses judeus que, impelidos e, ao contrário do que se imaginava, viajam pelo mundo, formarão as novas comunidades e se tornarão o laço comercial do mundo velho com o mundo novo. Ligarão a Europa ao Oriente, pois, ao serem expulsos da Palestina, muitos se foram para os lados da Índia e da China. Esta posição peculiar de laço simbólico marca de maneira capital o espírito judaico. Nas ciências, na literatura e nas artes deixa suas marcas.

O que poderiam pensar os cristãos, testemunhas de seu aviltamento? O ódio aos judeus alimentava-se dos próprios massacres que suscitou: são mortos primeiros e detestados depois. "O anti-semita escolheu o ódio porque o ódio é uma fé", afirma Sartre em suas "Reflexões sobre o racismo".

É na segunda metade do século XIV que podemos datar a cristalização definitiva da representação de coisa "judeu-objeto". Pensava-se então: "se cabe a um bom cristão detestar os judeus, então somos todos bons cristãos". Não mais importa se existem realmente judeus em um dado lugar. Se não há ju-

---

[61] Poliakov, L. *História do anti-semitismo I*, op. cit., p. 101.

deus reais, inventam-nos, e a população cristã, se se encontra cada vez menos com judeus na sua vida cotidiana, é cada vez mais perseguida pela *Imago*, fruto da idealização secular promovida pelo anti-judaísmo teológico.

O homem finalmente tem um véu que recobre, com essas verdades imaginárias, a causa de uma angústia fundamental. Inventa um saber que, para quem não comunga, é mortífero. O mesmo saber que oferecia o Paraíso. É o que chamamos de paradoxo cristão. Seus efeitos são os mesmos das câmaras de gás. Estamos ainda no século XIV. Esse "judeu-objeto" é considerado, como se sabe, como o que matou Jesus. Os judeus contemporâneos são indistinguíveis para o povo da Idade Média.

Da idéia do pacto dos judeus com o Diabo à afirmação da corporeidade do Diabo foi um passo que não esperou para ser dado, seguindo a mesma linha da lógica religiosa, pois, se a natureza divina corporificava em Jesus, a do Diabo deveria corporificar em alguém. As concepções reinantes sobre a matéria são dos principais autores das doutrinas da Igreja nesse século, os Dominicanos, que desde o início foram encarregados de extirpar as heresias e criaram para isso o eficaz e temível aparelho da Inquisição, para ver crimes por toda parte. Após a Peste Negra, a caça aos "comerciantes do Diabo" se desenvolve com rapidez. O Diabo, assim, somando-se ao mosaico imaginário de então, torna-se coisa viva.

A epidemia da caça às bruxas se alastra no século XV. De um princípio moral do Mal, o Diabo transforma-se num corpo cornudo e peludo. Na cristalização da representação de coisa "judeu-objeto", uma condensação é feita no delírio e os judeus passam a ser desenhados com cornos e caudas de bode. Homens e mulheres judias menstruam e nascem desfigurados. São *sub-*

homens. Perdem toda a consistência simbólica para a fértil imaginação cristã e pertencem ao domínio unicamente do sagrado.

Caracteriza-se que "judeu-objeto" emerge dentro de um fenômeno estritamente religioso, mas o lastro para o antissemitismo racial estava já sedimentado.

"A escola judia é negra; o judeu é intermediário entre o Diabo e aqueles que querem vender suas almas a este. O pacto é selado com seu sangue". Fica estabelecido, cristalizado no imaginário popular outro par, com o peso de suas palavras: "judeu-diabo", que vagava pela imaginação da Europa inteira. A implantação do discurso religioso com metáforas delirantes impôs ao homem da Idade Média um nível de intelecção baixíssimo e demente, o que adiou por longos séculos o avanço intelectual da humanidade. Hoje, devemos nos ater à escuta dos fundamentalismos. São um perigo anunciado e não são proferidos somente por *Führers* em palanques.

No final do século do Diabo, sobrevivem apenas os judeus do Santo Império Germânico. Retiram-se para uma vida isolada, formam uma sociedade hermética, onde os comportamentos anteriormente analisados encontram expressão definitiva. Acima de tudo, a atitude sacra diante do dinheiro, fonte de toda vida. Cada passo, cada ato da vida cotidiana do judeu, é submetido a uma taxa. Sem dinheiro, a coletividade judaica está inevitavelmente destinada a desaparecer[62].

Mais uma vez, a tradição do martirológio judaico se repete quando os rabinos passam a comparar os azares financeiros aos morticínios e expulsões, vendo aí a intervenção divina, um castigo vindo do Alto.

---

62 Ibidem, p. 131.

O fim da Idade Média é a época em que o antigo bairro judeu se transforma em gueto e suas portas são fechadas à noite.

Apesar dos avanços das técnicas e ciências as massas continuavam com o mesmo aparato psíquico e permaneciam com o mesmo *status* social. O anti-judaísmo não escapou da fossilização e a *Imago* do judeu fixou-se nos espíritos. O fim foram os guetos, que são a conclusão desse processo de perseguição. O estranho, que simultaneamente é tão familiar, é o que se isola em algum canto. E "judeu-objeto" tem esse destino nesse tempo e se fixa aí, no gueto, um fenômeno psicossomático.

Até o início do século XIII, na França ou na Inglaterra, um "problema judeu" continua a ativar a imaginação, num tempo em que a maioria dos franceses jamais vira um judeu no decurso de suas vidas.

As crianças, dentro da educação religiosa cristã, cresciam aprendendo a discernir entre o bem e o mal, ao que elas pertenciam e o que estava excluído do seu meio. O judeu serve, então, como "zero absoluto do mal": um objeto privilegiado que ocuparia o lugar de expiação da humanidade pelo assassinato de Deus.

A partir dessa análise, constata-se uma verdadeira complementaridade entre o cosmo cristão e o microcosmo judaico. Assim, judeu e cristão formavam um todo só. Isso atualmente é reconhecido por qualquer evangélico.

No plano judaico, o mecanismo compulsivo funciona de outra forma, mas é o que causa a complementaridade. Há o judeu atado ao Deus de Israel e à fantasia de eleição; é o judeu de condição, descrente, que conserva o judaísmo somente no inconsciente; aí está o mecanismo compulsivo: quanto mais quer se ver livre, libertar-se, mais aguça a sua sensibilidade judaica, pois consegue introduzir-se no mundo externo. E quanto mais denega o seu judaísmo, mais atado se torna aos significantes que constituem sua filiação e que o causam como sujeito, como reconheceu Freud.

Lembramos do episódio que tanto marcou a adolescência de Freud. Passeando com o pai pelas ruas de Viena, este lhe relatou a lembrança de quando fora atacado por um anti-semita que jogou seu gorro novo no estrume. Perguntou ao pai o que fizera e, para seu profundo desgosto, o pai respondeu que baixou a cabeça e não reagiu. Esse fato selou definitivamente a posição de Freud frente ao anti-semitismo e à segregação.

Na medida que sua situação se agravava, os judeus seguiam para leste, para a Polônia e Lituânia, onde as massas eram cristãs mas ainda não estavam impregnadas pela propaganda contra a "raça deicida". Lá encontraram porto seguro e se fixaram. Numa economia rudimentar, logo assumiram papel de destaque nas atividades de circulação de moeda e mercadorias. A onda anti-judaica não tardaria no entanto a desaguar por aqueles lugares. Mas as posições econômicas e mesmo administrativas em que rapidamente se entrincheiraram os judeus eram tão sólidas, tão enraizadas no mais profundo das fundações daqueles países que foi impossível desalojá-los. O resultado é a criação de uma nação judaica dentro de cada uma dessas nações.

O fluxo de judeus aumentou muito após as chacinas da Peste Negra. No século XV já são cem mil, dez por cento da população polonesa. Monopolizam alguns ofícios e atuam em todos eles. Organizam-se à maneira de *um estado dentro de um estado*[63]. Esta organização adquire formas definitivas no século XVI e a Polônia se torna o principal centro do judaísmo para os

---

[63] Ibidem, p. 211.

séculos vindouros. Foi o primeiro país invadido por Hitler, onde se instalou e onde se localizavam vários campos de concentração. "Um dos maiores e eficazes recursos para este fim é que o conquistador vá residir no lugar"[64]. Lembramos da foto da casa de Freud com a insígnia da suástica em sua fachada, capa de nosso livro.

Evoco o texto de Freud na Nota Preambular II (1938), que acrescenta ao livro "O homem Moisés e a religião monoteísta", quando já estabelecido em Londres, fugido da perseguição nazista, na parte C que ele denomina "A analogia" e que concluirá a análise referente à questão do complexo judaico-cristão.

Freud encontra a analogia na gênese das neuroses e remonta a impressões muito primitivas da infância os casos que se distinguem como traumáticos. O trauma em si é, em cada caso, um excesso de exigência, o que provoca reações patológicas e fará parte da constituição do sujeito. Todos esses traumas ocorrem até o quinto ano de idade, na primeira infância. As experiências são esquecidas, não acessíveis à memória, mas são atuantes desde o inconsciente. Os traumas são ou experiências sobre o próprio corpo do sujeito ou percepções sensórias, algo visto ou ouvido.

Introduz a fórmula: "trauma precoce-defesa-latência-explosão da neurose-retorno parcial do recalcado".

Assim como o carvão e o salitre, dois elementos tão dessemelhantes, ao se misturarem na devida proporção, criam a pólvora e determinam uma pavorosa explosão, também assim, no caso que consideramos, da mescla desses elementos psíquicos, surge uma singular combinação[65].

---

64 Maquiavel, N. *O Príncipe*, op. cit., p. 9.

65 Zweig, S. *A cura pelo espírito*, Editora Guanabara, Rio de janeiro, 1930, p. 111.

Um dos efeitos do trauma, que Freud chama de reação negativa, nada deixa do trauma ser lembrado ou repetido. Constitui evitações que podem chegar a inibições e fobias. Essas reações negativas também efetuam as mais poderosas contribuições para a cunhagem do caráter.

> Todos esses fenômenos, tanto os sintomas como as restrições do eu e as alterações estáveis de caráter, possuem natureza *compulsiva*; quer dizer que, à raiz de uma grande intensidade psíquica mostram uma independência quanto à organização de outros processos psíquicos, estes últimos adaptados às exigências do mundo exterior real e obedientes às leis do pensar lógico. Não são influenciados, ou não o bastante, pela realidade exterior, não fazem caso desta ou de sua submissão psíquica, de maneira que podem entrar em contradição ativa a ambas facilmente. São, por assim dizer, um Estado dentro do Estado – *ein Staat im Staat* –, um partido inacessível, inviável para o trabalho conjunto, mas pode chegar a vencer o outro, chamado partido normal, e forçá-lo a seu serviço. Se isso acontece, se alcança o império de uma realidade psíquica interior sobre a realidade do mundo exterior e *se abre o caminho para a psicose* (grifo meu). E ainda nos casos em que não se chega tão longe, a significação prática destas representações dificilmente pode ser subestimada. A inibição e a incapacidade de viver das pessoas dominadas por uma neurose são um fator muito importante na sociedade humana, e é lícito discernir aí a expressão direta de sua fixação a uma peça precoce de seu passado[66].

Freud afirma que a religião, que começou com a proibição de fabricar uma imagem de Deus, transforma-se cada vez mais, no decurso dos séculos, numa religião de renúncias pulsionais. Deus afasta-se da sexualidade e eleva-se para o ideal de perfeição ética. Mas a ética é uma limitação pulsional. A perfeição ética agu-

---

[66] Freud, S. *Der Mann Moses...*, op. cit., p. 181.

ça o senso de justiça dos judeus e é responsável pelo seu caráter, que nas perseguições sofridas por esse povo também os incita a permanecer nelas, algumas vezes até se comprazendo no papel de vítima, o que estimula a tentação dos carrascos.

As perseguições estavam ligadas aos valores supremos do Ocidente, foram feitas em seu nome. Dizem respeito aos próprios perseguidos, na medida em que são elementos dessa sociedade, mas não inteiramente e sim parcialmente, pois ocupam esse "topos" e isso era sua condição, um interior excluído. A posição social do judeu era conseqüência dessa alienação. Foi um erro Hitler pensar que as antigas estruturas fossem desmoronar num futuro não distante, tornando possível uma desjudaização e uma descristianização totais, fazendo vigorar o arianismo e o *Reich* de Mil Anos.

A representação (coisa-) inconsciente do objeto deve ser subtraída nas contas da análise. Subtraindo-se, faz-se letra. Freud faz questão de escrever assim, com o sinal de menos. Ela deve ser abandonada pela libido para o desenlace do luto e para marcar o lugar do vazio da perda do objeto. Vem com o abandono do narcisismo originário da criança e a remoção do narcisismo primário. No seu lugar se forma o ideal do eu marcado pela privação, pela interdição simbólica, pois algo que falta no real, como já vimos, só pode ser um objeto simbólico. Aí, no lugar do vazio onde não há significação possível, emerge uma letra.

V – A Inquisição e a abertura para a psicose

Como conceber trevas em pleno dia radioso?

Stefan Zweig

O método de perseguição sistemática em vigor do século XII ao século XIX tinha como objetivo reconduzir os heréticos ao caminho considerado *reto.* Foi instituído um estado de "polícia de almas", onde os não-batizados eram supostamente almas perdidas, sem terem cometido qualquer falta. O caminho sem vicissitudes levaria o sujeito da religião na direção do paraíso celeste. "Fora da Igreja não há salvação", bradavam os do poder. A palavra de Jesus é alienada ao extremo e retorna invertida. O amor ao próximo sofre a transfiguração no ódio do *Deus obscuro.*

Cada momento guarda suas condições históricas específicas, mas os processos de efetivação seguem o mesmo objetivo.

No século XV, no Reino de Castela, institui-se o mecanismo que ali funcionou segundo princípios e uma técnica largamente comprovados nos séculos anteriores. A instauração desse mecanismo na Espanha visava, a princípio exclusivamente e com ferocidade surpreendente, perseguir os conversos acusados de judaizar.

A idealização dá ao poder todo saber sobre a verdade, então revelada aos convictos, verdade instável e fugaz. É o mecanismo das psicoses e instala a certeza delirante. Se estes dispõem do poder coercitivo, fazem todos aderirem às suas representações, mesmo que outros estejam em posição de negá-la.

A heresia era perigosa para as bases do poder, mas imperava uma forma de ganho de prazer: o lucro financeiro. As pessoas desarmadas eram violadas.

> Fazendo o adversário sofrer, debilitam o seu poder de resistência, degradam-no, reduzem-no a um estado próximo ao infantilismo: é a coerção; depois de torná-lo, por esse meio, sugestionável e receptivo, catequizam-no com suavidade, fazem surgir a sua frente a esperança de uma libertação: é a persuasão. Se necessário for, recomeçam tudo; levam-no a languescer na dúvida meses a fio. Enredam seus parentes e seus amigos para testemunhar contra ele (e vice-versa). E é assim que se consegue quebrá-lo, obrigá-lo a adorar os deuses de que outrora ele se mofava; na verdade, convertem-no num homem "novo"[67].

O glorioso império espanhol, de tanto desferir golpes no judaísmo, tornou-se um edifício implodido; seus mandatários não perceberam que estavam destruindo suas fundações. E as paredes racharam sob o efeito dos golpes que logo se propagaram de um ponto ao outro. Para os judeus, era chegada a hora da Inquisição.

Os Reis Católicos Fernando e Isabel achavam que os costumes e tradições religiosas estavam anarquizados e precisavam ser retomados. Seus conselheiros, na maioria judeus e conversos, tentavam de todas as formas desfazer os planos do clero espanhol, mas só adiaram por algum tempo o estabelecimento da Inquisição castelhana que, em 1478, se instaurou toda poderosa nas terras de Espanha.

Em 1480 começou a funcionar o primeiro tribunal em Sevilha. O corte primário foi a separação entre conversos e judeus declarados, pois estes eram vistos como aliciadores dos outros. A Andaluzia era o principal foco do marranismo e de lá foram expulsos em 1483.

Todos eram convidados a se denunciarem. Era o "prazo de graça", que durava um mês desde o momento da instau-

---

[67] Poliakov, L. *História do anti-semitarismo II, De Maomé aos marranos*, Editora Pespectiva, São Paulo, 1984, p. 157.

ração do tribunal na região. Aqueles que se apresentavam deviam denunciar todos os judeus e conversos que conheciam. Eram poupados da tortura corporal. Sofriam humilhações públicas – o uso do infamante *sambenito* (uniforme que caracterizava os hereges) – e seus bens eram confiscados. Por toda a vida não podiam exercer nenhum ofício ou profissão honrados nem vestir-se de outra forma[68].

Eram vítimas de um "empuxo" a essa posição particular por serem judeus. Após esse processo inquisitório, tornavam-se o "resto real de uma operação". Esse resto é o que denominamos anteriormente como a coisa "judeu-objeto". Cai como dejeto de um discurso que tem como característica a intervenção violenta e a produção do sujeito como coisa segregada.

A psicose avança. Bons católicos deviam denunciar até o pai, a mãe e todos que os rodeavam; a impunidade lhes era assegurada e seus nomes mantidos em sigilo. Uma "espionite" crônica se espalha pela Espanha.

> Entreabramos os arquivos da Inquisição. A chamada Alonça de Vegas sorriu ao ouvir menção do nome da Santa Virgem? Ela é, portanto, uma conversa, uma herege. Blanca Fernandez ouviu algumas vizinhas conversando entre si sem compreender o que diziam? Então era hebraico; ela as denuncia..."[69].

Eymerish, autor do manual inquisitório mais conhecido, escrevia que "sendo a heresia um pecado da alma, a única prova possível a seu respeito é a confissão", transformando todo seu procedimento em algo concebido em função desse momento supremo que é a confissão. Marca o limite do gozo sádi-

---

68 Ibidem, p.158.

69 Ibidem.

co do inquiridor ao ouvir o inquirido confessar. Quem negava até o fim ia para a fogueira. Nem os mortos acusados escapavam ao julgamento. Cenas de absurdos eram montadas, onde suas ossadas eram inquiridas e depois queimadas. Os parentes vivos tinham os bens desapropriados e eram despojados de sua honra. A maioria dos acusados deixava-se reconciliar com a Igreja após humilhações públicas e confisco dos bens. A degradação moral transformava-se em hereditariedade e seus descendentes não mais podiam exercer nenhuma profissão digna nem obter benefícios públicos.

Sob o nome de "estatuto da pureza do sangue", no século seguinte, essa segregação atingirá qualquer pessoa que tenha supostamente uma gota de sangue judeu nas veias, estabelecendo uma transmudação do anti-judaísmo religioso para o anti-semitismo racial e antevendo o que se metaforizou no delírio nazi séculos mais tarde.

A decisão final para concluir se o acusado era ou não judeu cabia aos Reis. Assim como Göering decidia quem era ou não ariano.

Roubavam de consciência tranqüila mas não percebiam o malogro que era cometido. E assim roubavam mais ainda, o que lhes permitia financiar uma política de glórias a curto prazo.

A Inquisição espanhola precisou de longas gerações para excluir de seu solo qualquer traço de judaísmo e só teve êxito ao preço de um ruinoso esforço. Para os judeus, uma repetição real. Contra a sua vontade, tornavam-se o peão do jogo da Igreja e esta lhes impunha o papel de tentadores e inimigos da fé. Idéia sobre a qual, como vimos anteriormente, ela própria se estruturou desde o começo. Com cruel ferocidade, a Igreja devia demonstrar que os judeus "sempre foram seres maléficos e perversos, assim como suas práticas são contra Deus e o mundo, o qual querem dominar". Essa era a estratégia mais uma vez usada para expulsar os judeus do solo ao qual estavam ligados. E não foi a última.

Crimes onde a vítima não tinha corpo, onde as provas materiais eram apenas as palavras dos acusadores, eram particularmente prolíferos. As sentenças, judicialmente comprovadas, eram enviadas a todas as cidades espanholas e assim, em pouco tempo, a desonra congênita estava demonstrada por lei. Em janeiro de 1492, a guerra de Granada é vencida e os Reis a tomam. Em 31 de março, é assinado o decreto de expulsão dos judeus.

Mas a obstinação do povo judeu novamente se faz sentir. Reavivada a fé judaica pelos terrores da Inquisição, as provações eram comparadas ao Êxodo do Egito. Não era recomendável comentar a sorte dos judeus. Um "terror silencioso" pairava no ar espanhol.

O ano da expulsão dos judeus, 1492, foi marca do poderio espanhol que, com o ouro da América a afluir para o seu tesouro, maravilhou a Europa. Daí a desmontagem causada pela exclusão dos judeus só ter sido sentida tempos depois. Com o crescimento do poder dos Reis crescia o da Inquisição e já não se sabia mais se ela era um instrumento da realeza ou um instrumento eclesiástico. A Inquisição espanhola foi sobretudo um catalisador de fanatismos e ambições. Era um meio de governo e servia como medida moral para a população que, em sua maioria, achava que o terrorismo praticado pela Igreja era saudável, da mesma forma que o povo alemão aceitou a "solução final" para os judeus como algo normal, já que Hitler os convencera de que passariam a viver no inferno caso não fossem à guerra.

Todos acorriam aos autos-de-fé. Numa clara alusão da conjunção do poder entre a Igreja e a Coroa, os autos-de-fé passam a coincidir com as solenidades da Corte. O povo espanhol, por estranho que possa parecer, tomou afeição pela Inquisição, afeto que se enraizou em seus espíritos e que sustentou a dissolução da estrutura até então em vigor.

Se os prisioneiros, pobres ou ricos, tinham possibilidade de levar uma vida digna na prisão, esse não era o caso dos judaizantes, que deveriam sempre esperar pelo pior. O crime contra a fé pode ser comparado ao crime político que vigorava nos países totalitários deste século. Para a devida investigação desses crimes, o aparato inquisitorial contava com uma rede de "familiares", homens da aristocracia espanhola que usavam uma medalha como sinal de reconhecimento. Era um atestado de "raça pura" espanhola; esses senhores estavam acima da lei.

De certa forma, escrevia um historiador do século passado, eles haviam dividido a nação em dois campos: os denunciadores e os denunciados. A psicose se revela em seu ideal do eu e sua dupla face no delírio de observação. Delírio de ser observado e de observar o ser do outro. Se nesse tempo predominou o "ser perseguido", no nazismo ocorreu o "perseguir o ser do outro".

Isso demonstra com clareza que os ideais do povo espanhol transmudavam-se radicalmente. Cada vizinho era um suspeito em potencial. Suspeito de ser espião ou de ser herege. Todos espionavam e nessa situação as verdades imaginárias se expandem. Qualquer acusação, mesmo sem o menor sentido ou prova, era levada adiante pelas "audiências de tormento", onde o acusado, mesmo sendo um bom cristão, era torturado até admitir ou confessar uma falta que o colocava como um judaizante.

Assim, a coisa "judeu-objeto", produto desse discurso, é lançada ao ponto de a perseguição ser um alvo em si mesmo e não mais um sinal de alerta. Isso vem atar-se nos espíritos aos flagelos sofridos nos séculos anteriores e deixar marcas na personalidade judaica. Os métodos da Inquisição incutem no judeu um terror inédito em relação às coisas não judias. E ele se isola ainda mais.

A roupa da vergonha, o *sambenito*, devia ser usado pelo penitente reconciliado em determinados dias ou para a vida toda, conforme a pena. Ela indicava que o sujeito devia ser vigiado por todos. O olhar do Outro é constante sobre o sujeito; olhar que não se desvia. Há sempre alguém à espreita.

Após a morte do usuário, o *sambenito* era exposto na Igreja da paróquia, a título de aviso perpétuo. Ele fora infame e sua linhagem o continuava sendo sob os olhos da multidão.

A Inquisição andaluza converte-se, em nome do Pai, numa "oficina de extorsões e roubos". A partir do final do século XVI, a Espanha, na sua totalidade, se unifica por trás de um "cordão sanitário" para escapar de uma "epidemia terrível", cujo vírus principal era o vírus judeu. O judaísmo encontra-se na base de todas as heresias. As ascendências judaicas são escavadas nas genealogias e quando não são encontradas são inventadas.

Há uma compulsão nacional de um *sangre limpio*, um culto da pureza do sangue. Em meados do século XVI, os estatutos da pureza do sangue adquiriram força de lei. Lei enlouquecida, despótica, que caracteriza a involução na psicose da Inquisição a uma parafrenia no nazismo, como poderemos verificar no nosso percurso.

As Ordens de Cavaleiros, os colégios tradicionais e as Ordens eclesiásticas (franciscanos, dominicanos e jesuítas) exigiam por escrito, com meticulosidade e extravagância, o procedimento de prova da pureza do sangue. Era imprescindível que seus homens fossem *limpios* e à escrita foi dado o encargo de prova real. Para nós, diagnostica a psicose na medida em que é uma escrita que desenraíza a instância da letra no inconsciente, o que é sempre a origem de um ato violento. O texto de Hitler é dessa ordem.

A "perversidade" da *raça judaica* não era mais transmitida por tradição, era congênita. Os autores mais lidos afirmavam isso. De acordo com *del* Corro, o mais radical defensor dos estatutos, a relação entre alma e corpo é rígida; as qualidades morais transmitiam-se hereditariamente, do mesmo modo que as qualidades físicas. O Iluminismo foi, em terras francesas, uma reação a essas tendências literárias que impõem uma involução à cultura.

Quando a Inquisição chegou a Portugal os marranos portugueses estavam fortemente preparados para lutar pela sobrevivência. Ela foi instalada em 1536. Os núcleos das comunidades descendiam dos judeus espanhóis. Vendo que não havia escolha, para não sofrerem os martírios que se seguiam à onda inquisitorial, foram para solo português, tornando-se 5% da população lusitana.

A Inquisição, como outras formas de governo, demonstra com clareza a disjunção radical entre saber e poder, sempre conjugados à força das armas.

Era a época das grandes navegações e conquistas. Os portugueses dominavam as rotas do comércio europeu de especiarias, açúcar e tráfico de escravos com o Oriente, a África e a América do Sul. Em suas colônias, as missões detinham, junto com a Coroa, o papel social, econômico e político. Em 1537 é inaugurada a Universidade de Coimbra e o desenvolvimento econômico é acompanhado de um florescer artístico e intelectual.

Os judeus inserem-se em Portugal deixando suas marcas nesses campos. São os cristãos novos, homens de nação e de negócio. Sua religião era seguida por trás da fachada cristã, agora inevitável. Ela se constituía num corpo retalhado e foi denominada como religião marrana. Retinham do judaísmo somente a crença de que a Salvação (no sentido cristão) era possível através da lei de Moisés. Tiveram de abandonar a circuncisão (alguns a faziam no leito de morte) e os livros hebraicos.

Essa mesma solução é encontrada hoje pelas igrejas evangélicas modernas, que não guardam segregação contra Israel e se inserem numa linha genealógica contínua. Fazem suas excursões à Terra Santa, onde convivem todas as crenças. Obedecem rigorosamente ao evangelho, que se inicia com a necessária remodelação da genealogia de Jesus ligando-o à casa de Davi e assim a Abraão, Isaac e Jacó.

Uma torção na economia da dívida sagrada é promovida por essas igrejas. O recebimento da graça, que na Igreja católica é adiada para o além tempo, é recebida em ato, isto é, no presente: tratam da desgraça. A graça recebida é, então, invariavelmente, uma enormidade frente ao dízimo pago. A dívida do fiel assim se perpetua e isso impõe o caráter sagrado ao dinheiro. Assim estabelecidas, essas igrejas se autorizam a exercer o que chamam de "cura coletiva".

Percebendo esses e outros movimentos que lhe arrebatam os fiéis, a Igreja católica inicia um *mea culpa* sobre a Inquisição, a ser divulgado como encíclica no final mesmo do século XX.

Os marranos portugueses não eram como seus predecessores da Espanha. Cumpriam os ritos católicos e iam à missa.

A compulsão da perseguição havia reforçado os laços entre eles e os negócios comerciais eram transacionados por vínculos de parentesco e clã. A Inquisição levou trinta anos para se estabelecer em Portugal, pois Dom João III não desejava matar a sua "galinha dos ovos de ouro". Graças aos marranos, os capitais, o comércio, a indústria e a receita pública estavam crescendo. Mas, lentamente, o Santo Ofício ocupou seu território e em 1539 o Rei nomeia seu irmão, o Infante Dom Henrique, como Grande Inquisidor.

Durante dois séculos a Inquisição portuguesa vigiou o movimento desses marranos. Tinha sua contabilidade em dia e seus bens registrados graças à usurpação de suas vítimas. Judeus, ou pelo menos supostamente judeus, os marranos se transformariam em objeto de ódio em Portugal. Um êxodo a mais na série.

A Turquia acenava para os judeus ibéricos como um país seguro e sua acolhida ocorreu como se fosse a transferência de um tesouro de um país para outro. Porém é Salônica que se transforma, no século XVI, no grande centro judaico e no principal núcleo de atração dos marranos. Como Nova York no século XX. Por ser ótimo ancoradouro e ponto de escoamento, atraiu os marranos, hábeis no comércio de exportação, o que favoreceu largamente o seu desenvolvimento. A influência dessas pessoas chegou a tornar o espanhol língua predominante. Também o português é falado até hoje pelos descendentes de portugueses que ali se refugiaram. Em 1812 havia lá cerca de 80.000 judeus. Hoje restam apenas 1.300; a maior parte foi exterminada pelos nazistas.

Apesar da situação excepcional, a rejudaização era difícil. O judeu comum via o marrano com maus olhos. Discriminava-os tratando-os de *kistianos* (para não pronunciarem *cristianos*).

A situação religiosa das famílias era algo impreciso; meio cristãs, meio judias. Conhecemos várias pessoas assim nos dias de hoje.

Não compartilhavam a lei de seus irmãos de estrita observância mosaica e eram atraídos pelas seduções da Igreja. Viviam contradições extremas em seus espíritos. Os marranos levavam gerações no processo de rejudaização.

A Espanha era rica em ouro e prata, riqueza que faria sua miséria, pois havia se transformado num país de "homens encantados" que viviam fora da ordem natural. Os efeitos da fantasia da eleição divina chegaram ao cúmulo e a psicose coletiva imperava.

Numa população de 7,5 milhões de habitantes, 15% eram de nobres que viviam rodeados de empregados domésticos ainda que miseráveis, pois era mais honroso servir do que trabalhar. "A moral da Espanha católica desembocava na santificação do ócio"[70]. As fogueiras garantiam as entradas de capital. O retorno ao sacrifício faz sua aparição.

No século XVII, a compulsão da *limpieza del sangre* alcançou a metáfora delirante através de uma escrita que excluía qualquer mudança da lógica vigente. Os autores eram os legisladores. Procuradores da honra, mestres do falso testemunho, escreviam o que as partes queriam que dissessem; profissionais que faziam tremer os que os rodeavam, pois dominavam o aparelho policial.

O imaginário popular formado no decorrer desses séculos criava esses tipos exatamente quando havia falta de hereges. Havia o anti-judaísmo sem judeus. Outros que não judeus eram perseguidos então. De geração em geração, os judeus,

---

[70] Ibidem, p. 234.

para os ibéricos, eram o próprio símbolo da blasfêmia. Assim, lançamos luz sobre os eventos atuais do que se denomina *limpeza étnica.*

Um último acender de fogueiras ocorreu em 1727. Após essa data, a desarticulação do mecanismo inquisitorial fez com que o procedimento "evoluísse" para a queima dos livros considerados heréticos. Daí partiu o nazismo e começamos a aclarar como a remodelação dos ideais aconteceu no delírio autobiográfico de Hitler e passou ao real no campo de concentração, núcleo da involução nazi e prova real da sua parefrenia.

A segregação como instrumento de poder
A construção de Hanna Arendt

Ser judeu é ser atirado à situação judaica, abandonado *nela e é, ao mesmo tempo, ser responsável em sua própria pessoa, pelo destino e pela natureza mesma do povo judeu.*

Jean-Paul Sartre

O anti-semitismo é uma das mais antigas atitudes coletivas de segregação e a primeira que foi elevada à instância de arma política com finalidades hegemônicas.

O alvo do agente político é reunir um conceito coletivo de ideal ao laço de massa para amarrar a angústia social. Dirige-se necessariamente às unidades celulares das pessoas que são o indivíduo, a família e a nação. Daí advém a necessidade lógica de a política falar do corpo.

A adesão das representações populares aconteceu no totalitarismo a partir do que Hanna Arendt denomina de "organização burocrática de massas". Apóia-se no terror e na impregnação ideológica, da qual o anti-semitismo fez parte. Quando racismo e teologia já não se distinguem, temos o anti-semitismo, que é antes de tudo um fundamentalismo.

O anti-semitismo nazista tem sua gênese com as mudanças ocorridas na cultura no século XVIII. Nesse tempo, os judeus estavam desprendidos da base que amarrava as classes sociais, em razão da inibição de isolamento que se impunham.

Com a emancipação civil promovida por Napoleão, o judeu vai reaparecer na fenda entre o Estado, enquanto máquina governante, e a sociedade civil. É o conceito de fenda que nos conduz no texto de Arendt. Ele remete à *Ichspaltung*, a cisão do eu, último texto metapsicológico de Freud. Apesar das críticas de nossa autora a Freud, vemos como leitores uma sincronia em suas obras.

Os judeus introduzem as funções financeiras que exerciam anteriormente, passando a financiar o Estado, ainda relativamente fraco, e asseguram seu fortalecimento através das ligações mundiais que mantinham. O *Idish* torna-se conhecido publicamente. É essa máquina que dará a cidadania ao judeu e não a sociedade civil, já que esta ainda está completamente influenciada por séculos de anti-judaísmo religioso.

Os judeus eram, no século XVIII, comparados às "porcas e parafusos de um grande edifício que, embora tendo pouco valor em si, são absolutamente necessários para sustentá-lo". Estabelecidos nos grandes portos da Europa e favorecidos pelo clima político e social da época, obtinham sucessos comerciais e financeiros.

O cristianismo entrava em declínio. Com o afastamento da religião, a ciência se popularizou e entrou no cotidiano da gente, o que incentivou a leitura.

Tem início também a era dos delírios literários, herdeiros diretos das teorias naturalistas do século e seus textos sobre a sexualidade, a reprodução humana e a diferença étnica entre os povos.

Surge em seguida o "mito ariano", que procurava uma solução não judaico-cristã para a questão da origem do homem. É um falso mito na medida em que não possui um único elemento simbólico; forma-se no que Lacan define como o "simbólico irreal" das psicoses. O nazismo reivindicava para si todo o patrimônio cultural da humanidade através do mito ariano. Os trabalhos de Darwin e Freud vêm promover um corte que nos reconduz à compreensão do que está em jogo.

Hitler, que a todos leu, transformou o falso mito ariano da raça pura – *Rassenreinheit* – no eu ideal nazi. *Reinheit* é pureza, *einheit* unidade. *Rassen* é raças e *hassen* é ódio. A idealização só identifica a unidade, o par e a multidão; portanto, uma idealização será válida para o delírio com a adesão de letras para efeitos hipnóticos no leitor e a escrita o assujeitará a um texto irreal.

Como a mentira é realmente simbólica, cola na imaginação. Há nessa forma de escrita um desenraizamento da letra; é uma involução literal que acontece pela remodelação dos ideais no texto e nesse caso o estádio do espelho, que dá o conteúdo simbólico para formar a consistência imaginária do corpo, é inconstituído.

Uma questão de peso para os judeus na época era poder regular o gozo com o dinheiro, já que se caía facilmente na avidez de enriquecimento, devido à cruel experiência.

A cristalização dessa complementaridade passa a ser a principal fonte de sustentação da sua precária cidadania. A ascensão financeira dos judeus está diretamente vinculada ao manejo do capital cristão, notadamente da nobreza e dos funcionários públicos. A aplicação muito lucrativa desses capitais, tendo como representantes os judeus, que contraíam as dívidas em seus nomes, contribuía para a manutenção de sua cidadania, pois, se fossem expulsos, as aplicações seriam irrecuperáveis. Seus credores tornaram-se seus protetores. A ascensão do absolutismo eleva o progresso econômico dos judeus. Esse movimento é nítido principalmente na Alemanha.

Neste ponto podemos arriscar a fórmula "judeu-dinheiro-fezes" no discurso hitleriano, "a sujidade do povo eleito", referindo-nos às fórmulas pré-genitais de Freud: "pênis-bebê", "fezes-bebê" e o vínculo inconsciente "fezes-dinheiro". É a coisa "judeu-objeto" que encontra solução final no campo de concentração do delírio.

É um automatismo do eu, um gozo auto-erótico, tomar o corpo como objeto nas zonas erógenas. A perturbação da erogenidade, ao chegar nas psicoses assim como nas neuroses, instala a enfermidade hipocondríaca, fenômenos psicossomáticos e, mais ainda, executa a melancolia.

Os judeus estavam ligados ao país formal, ao Estado, mas não faziam laço social, atuavam desprendidos, mais uma vez sustentando seu *topos* judaico.

Hanna Arendt chega à conclusão de que essa relação íntima entre os judeus e o Estado provocou, no momento em que os judeus perdem suas funções de suporte financeiro do Estado, uma vez que no século XIX este já se sustenta, o aumento da tensão existente entre o Estado e a sociedade civil.

Como vimos, é a partir do século XV e principalmente no século XVI que as relações entre judeus e não-judeus se tornaram extremamente frágeis. É nessa época que os judeus passam a viver sem qualquer influência do mundo externo. É o início da era dos guetos e o judaísmo se torna um sistema fechado de pensamento. Passa-se a imaginá-los *in absentia, in efigie.*

O judeu passa ao mesmo tempo a acreditar que a diferença entre ele e as outras nações não era de crença mas de natureza interior. Há uma formação reativa no Ocidente contra o conteúdo da fantasia da eleição divina, representada pela presença-ausência do judeu. Desenvolve uma consciência de culpa mais aguçada, pois as perseguições e a vida nos guetos demonstravam que não se cumpria devidamente a Lei.

A *Imago* definitiva do judeu se formou com a incorporação do dinheiro como objeto. A partir disso, a hostilidade popular projetada nessa *Imago*, anteriormente pelo estranhamento da circuncisão e pelo suposto assassinato do Cristo, é tomada numa metáfora delirante. A abertura para a psicose engendrada na Inquisição encontra o turbilhão para a perda de realidade que engendrou o nazismo.

"E toda criatura que deixe vislumbrar ao mundo uma nova ilusão, conquistou a humanidade"[71].

Essas avaliações do caráter judeu consistem na significação fundamental da gênese do anti-semitismo real, o nazi. É o modelo dos fundamentalismos modernos.

É só a partir do século XVIII e da assimilação que o anti-semitismo veio a ter importância para a preservação do povo judeu enquanto grupo, enquanto unidade. Esse movimento emancipatório se opera no momento em que entra em colapso o sistema europeu de Estados-nações. O nacionalismo tradicional declina e se alça o anti-semitismo.

O colapso na amarração da angústia projeta a *Imago* no furo dos acontecimentos psíquicos, se servindo dela como véu da alienação. O eu ideal ainda em constituição é despedaçado, a *Imago* involui e se remodela na petrificação do modelo como representação de coisa do objeto. A *Imago* é aspirada para retificar a perda da realidade. Nesse tempo do narcisismo, reina o sadismo originário e a forclusão do *Nome-do-pai* implanta o corpo *morcelé* – despedaçado.

---

[71] Zweig, S. *A cura pelo espírito*, op. cit., p. 111.

O "ser judeu" sempre foi o núcleo de interesse da ideologia nazista. Uma ideologia que tem de mobilizar e convencer as massas não escolhe sua vítima arbitrariamente. Há um pré-texto por trás da ideologia nazi, que não ressurge de uma hora para outra. Foi compilado no século XX por Hitler no *Mein Kampf.*

O fundamentalismo se fará sempre sobre o conteúdo da fantasia da eleição divina, o que perpetua o caráter sacrificial. É um traço a ser apagado pela cultura.

A emancipação dos judeus e o crescimento do anti-semitismo moderno foram movimentos contemporâneos. Com a emancipação, a assimilação judaica vem a ameaçar várias parcelas do povo de dissolução e judeus que se preocupavam com a sobrevivência de seus grupos descobriram, como afirma Hanna Arendt, "num desesperado erro de interpretação", a idéia de que o anti-semitismo, afinal de contas, poderia ser um excelente meio de manter o povo unido. Essa paixão da ignorância do "ser judeu" resulta da própria natureza da história judaica: um povo, então, sem país, sem governo e sem idioma, afirmava a autora.

A criação do Estado de Israel é uma conciliação que se sedimenta como modelar para manejar as diferenças entre os povos. Seu caráter somente será definitivo quando se construir a paz entre os vizinhos.

Ao mesmo tempo o retorno ao hebraico, que estava se perdendo como língua nacional, teve efeitos estabilizadores e definitivos no inconsciente judaico. O país se chama ארץ ישראל – Eretz Israel, terra de Israel. No cotidiano, o israelense se refere ao país como "ha aretz". A nação se fez na amarração da terra e da língua. Vimos que é o que diz IHVÉ, o Eterno, a Abrão, antes de ele ser chamado Abraão. Esse modelo se apresenta certamente com as limitações simbólicas da época.

> E estabelecerei a minha aliança entre mim e ti, e entre tua semente depois de ti. Numa aliança eterna, para ser teu Deus e de tua semente depois de ti. E dar-te-ei, e à tua semente depois de ti, a terra das tuas peregrinações, toda terra (eretz) de Canaan para possessão perpétua e serei para ela (semente) seu Deus[72].

No momento em que houve um retorno do judeu ao laço social, após quase dois mil anos, isto aconteceu num ponto de alienação onde não havia elementos simbólicos para barrar a projeção imaginária que se formava. Os elementos judaicos, profundamente enraizados no simbólico das leis, eram desconhecidos e somente emergiam versões ou mesmo desmentidos de seu conteúdo. Um grave problema é a tradução dos livros de Moisés, uma vez que os elementos simbólicos da escrita hebraica se tornam incompreensíveis para aquele que desconhece o hebraico. Isso promove uma desamarração do simbólico contido nesses textos, pois toma-se o texto bíblico por imagens e não por seu valor de escrita.

Os judeus eram uns fora do laço. Não formavam uma classe nem pertenciam a qualquer classe nos países onde viviam. Sua relação com o Estado, que criava leis especiais para eles, de que nenhum outro grupo necessitava, fazia com que se situassem num lugar vazio no pensamento das massas, que só pensam por imagens. Logo, o que causava o modelo social dos judeus era bem diferente do que causava a desigualdade decorrente do modelo de classes. Assim, Hitler conseguiu confundir os alemães com o discurso financeiro do socialismo nacional, proje-

---

[72] *Gênesis*, 17.

tando na *Imago* do judeu o mal-estar popular. Isso foi fundamental para seu projeto de remodelação dos ideais alemães e para a instalação do campo de concentração.

Depois da Revolução Francesa, que alterou drasticamente todas as condições políticas, surgiram os Estados-nações, cujas relações comerciais exigiam muito mais dinheiro e crédito do que jamais dispuseram os judeus da corte. E foi a combinação dos judeus mais ricos da Europa ocidental e central, apoiados como banqueiros precisamente nas comunidades judaicas organizadas, como fonte da captação desse dinheiro, que levou à concessão de seus privilégios por parte do Estado. Privilégios até então só concedidos individualmente à camada mais rica da sociedade judaica, aos judeus da corte, passam a atingir os judeus em geral.

A emancipação se revela em todos os Estados-nações, exceto naqueles países onde os judeus estavam em atraso geral, como na Rússia. Nesses países, eles não estavam na mesma posição econômica que os judeus do resto da Europa. A emancipação, podemos concluir, foi vinculada ao apoio financeiro dos judeus ao Estado.

Com a desintegração do Estado-nação, ocorre o desprendimento do judeu no Ocidente europeu. Esse elemento estrangeiro, intereuropeu e não-nacional, único, torna-se objeto do ódio. Com riqueza e sem poder, será sujeito à idealização no começo do século XX. Esse ódio ao judeu, que para as classes representava o Estado, transformou-se numa hipocondria de massa.

Por essas relações financeiras que o judeu mantinha com o Estado e com a sociedade civil é que o anti-semitismo penetrou lenta e gradualmente em quase todas camadas, até que surgiu como única questão capaz de reunir a opinião pública.

A noção popular medieval de que os judeus eram unidos por laços supostamente mais estreitos de sangue e de família que os outros povos trouxe uma conseqüência fatal. Por motivos que, para os não instruídos na matéria, nada tinham a ver com a questão judaica, os problemas raciais ocupavam o centro do cenário político. Os judeus imediatamente foram ajustados como alvo pelas representações que definiam grupos humanos por laços de sangue e por características genéticas familiares. Era uma nova leitura da Bíblia que se iniciava, nem judaica nem cristã.

Mas essa imagem do povo judeu como uma família intimamente interligada por laços de sangue tinha, de fato, algo em comum com a própria imagem que os judeus faziam de si mesmos, afirma Arendt.

Acontece uma cristalização do modelo no delírio. É introduzida uma fala sobre a mundialização, muito comum no final do século XX. São então representados como uma organização de comércio internacional, uma firma familiar global com interesses idênticos em toda parte; uma força secreta por trás dos acontecimentos, que transforma todas as outras forças em mera fachada e vários governantes em marionetes, cujos cordões são puxados por trás do pano. Eram identificados com o próprio poder, embora não o tivessem. Devido a seu desprendimento social e a sua concentração num único círculo, eram suspeitos de calcularem a destruição da sociedade e de suas estruturas.

O judeu excluía-se e sua *Imago* era o que retornava como representação dessa ausência. O anti-semitismo real, o hitlerista, é produto desse retorno.

A noção de "um Estado dentro de um Estado", discutida por Freud ("Moisés e o monoteísmo") e Hitler, é criticada por Hanna Arendt. Ela diz que o judeu não tinha ambições políticas; era o único grupo social incondicionalmente leal ao Estado. Concorda com a noção de "uma nação dentro de uma nação", pois os judeus, tomados como grupo social e não político, constituíam um corpo separado dentro do corpo das nações. O vínculo ao texto fundador do judaísmo era insuperável e mesmo o processo de assimilação que se iniciava não conseguiu uma desconstrução da idealização que implantou o nazismo.

Os judeus, na alienação produzida pelo ideal de que o anti-semitismo os ajudava a se identificarem entre si, catalizaram o ódio.

A "questão judaica" torna-se instrumento de poder dos discursos totalitários e novamente o destino desse povo escapa às suas mãos.

No último terço do século XIX, surgem partidos anti-semitas na Alemanha, na Áustria e na França, época marcada por sérios escândalos financeiros e negócios fraudulentos em que havia judeus envolvidos. A campanha anti-semita recrudesceu. Logo em seguida explode o caso Dreyfus na França, que levou Émile Zola a escrever "Eu acuso", uma carta aberta ao presidente da República em que toma a defesa do tenente judeu, vítima de provas evidentemente forjadas. Freud estava muito atento a esses acontecimentos em Paris.

Cobrindo notícias para a *Neue Freie Presse* de Viena estava Theodor Herzl, que morava no mesmo quarteirão da família Freud. A experiência de segregação levou Herzl a fundar um movimento que se chamou de sionismo. Herzl escreveu o livro "O Estado judeu" – *Der Judenstaat.* Freud jamais comentou este livro, apesar de ambos freqüentarem o clube judaico da *Bnai Brith* – "Os Filhos da Aliança" e morarem muito próximos em Viena.

Um outro grupo de pessoas além destes estava seriamente envolvido nos fantásticos investimentos, cujos lucros esperados só eram comparados às perdas incalculáveis. Esse grupo era formado pelas classes médias inferiores que subitamente se tornaram anti-semitas. Essas classes tinham arriscado todas as suas economias, que eram pequenas e estavam permanentemente arruinadas. Conseqüentemente, atribuíram seu infortúnio ao sistema que as havia exposto às privações de uma sociedade competitiva e as destituíra de toda proteção.

Essas classes médias obtêm o seu lucro através de um longo e complicado processo de produção e não é difícil entender por que um homem que usa seu dinheiro única e exclusivamente para gerar mais dinheiro seja odiado com intensidade.

Muitos desses banqueiros eram judeus e, mais importante ainda, o modelo do banqueiro tinha traços de caráter definitivamente judaicos pelas múltiplas razões históricas já conhecidas.

Assim, o movimento da classe média inferior e toda a propaganda contra o capital bancário mesclaram-se no anti-semitismo. O ódio passou a abranger todos os judeus e transformou-se num elemento político altamente explosivo. Acreditavam que esses judeus, tão odiados, estavam em vias de adquirir poder poítico.

Os políticos logo descobriram que os *slogans* anti-semitas eram eficazes para mobilizar essas amplas camadas da população. A pretensão desses políticos do totalitarismo era de aniquilação.

O anti-semitismo torna-se então um instrumento para a liquidação não apenas dos judeus mas também da estrutura política do Estado-nação. Esses anti-semitas estavam convencidos de que a sua pretensão de tomar o poder não era outra coisa senão aquilo que os judeus já haviam conseguido e de que seu anti-semitismo era justificado pela necessidade de eliminar os reais ocupantes dos postos de mando. Por isso agrediam abertamente o próprio Estado, catalizando, assim, todos os descontentes.

Poder e violência são opostos; onde um domina absolutamente, o outro está ausente. A violência aparece onde o poder está em risco, mas, deixada a seu próprio curso, leva ao desaparecimento do poder.

O pangermanismo foi o principal desses movimentos ultra nacionalistas ou ultra partidaristas a surgir na Europa no século XIX. Foi dele – cujo desejo era o de reorganizar revolucionariamente a Europa central para que os alemães, mutuamente fortalecidos, se tornassem o povo governante, do qual todos os outros povos seriam dependentes, mantidos em semi-servidão – que se desdobrou o nazismo.

O turbilhão anti-semita transformou-se no funil das demais questões políticas e a "questão judaica" – *Judenfrage* –, a realização dessas interpretações no imaginário popular.

O anti-semitismo político produziu versões. Por serem os judeus, desde sempre, um corpo desprendido de nação, a crescente igualdade de direitos alimentava o descontentamento social com o judeu. Hanna Arendt nos ensina que quanto mais tendem as condições para a igualdade, mais difícil se torna explicar as diferenças que realmente existem entre os indivíduos. É a base de sua crítica ao comunismo. Os que se julgam de fato iguais entre si formam grupos que se tornam mais segregados dos outros.

Quanto mais a condição do judeu se aproximava da igualdade, mais surpreendentes se revelavam as ambivalências.

De um lado, o ressentimento social contra os judeus mesclado definitivamente ao ressentimento religioso secular e, de outro, uma peculiar atração por eles. Essas condições envenenaram a atmosfera social e perverteram as relações entre judeus e não-judeus.

Hanna Arendt afirma que foi a discriminação social e não o anti-semitismo político que redescobriu o que denominamos como a coisa "judeu-objeto". Análise com a qual podemos concordar inteiramente, pois foi sempre a função social que o judeu ocupava o fruto de uma posição psicológica particular. Mesmo que deixassem o isolamento político e civil, os judeus continuavam párias sociais. Nenhum grupo social aceitava os judeus com a mente e o coração abertos.

Os judeus da corte e seus sucessores, os judeus banqueiros, nunca foram aceitos socialmente nos países do Ocidente europeu. Eles tampouco queriam abandonar os estritos limites de seu "gueto invisível".

Outra conseqüência interessante é que a assimilação, levada ou não ao extremo da conversão, nunca chegou a constituir uma real ameaça à sobrevivência dos judeus. Quer fossem recebidos quer fossem rejeitados, ambas as atitudes se deviam ao fato de serem judeus. Boerne escreveu sobre esta questão com certa amargura: "Alguns me repreendem por ser judeu; alguns me elogiam; alguns me perdoam por isso, mas todos só pensam nisso".

Os padrões de comportamento dos judeus assimilados, determinados por esse esforço concentrado e contínuo de se distinguirem, principalmente os intelectuais, criaram um tipo que se poderia reconhecer onde quer que estivesse. Em lugar de serem definidos por nacionalidade ou por religião, transformavam-se num grupo social, cujos membros compartilhavam de certas qualidades e reações psicológicas das quais a reunião seria supostamente a "condição de judeu". Em outras palavras, o judaísmo passou a ser uma condição psicológica e a questão judaica transformou-se num complicado problema pessoal para cada judeu. Os autores judeus da época, como Stefan Zweig, Sigmund Freud, Arthur Schnitzler e mesmo Richard Strauss, austríaco mas casado com uma judia e com filhos judeus, tratavam todos cotidianamente, em seus escritos e discussões, dessa questão.

Os partidos anti-semitas introduziram uma nova ilusão política que consiste no completo encobrimento dos defeitos de caráter de um povo e na ampla condenação aos que a ele não pertencem. Tudo o que é estrangeiro é o *mal* e tudo o que pertence à nacionalidade, o *bom* e o *belo*, identidade nacional. O discurso anti-semita era impregnado de slogans que possuíam fórmulas mágicas para reconciliar por sugestão as massas com o tipo de governo e sociedade existentes. "A França para os franceses" ao lado de "Morte aos judeus" eram tais. Esse discurso que se pensava ter efeito moral foi o prelúdio do nazismo e abrangeu todo o palco europeu.

O assassinato de Itzhak Rabin é um fato conseqüente desse discurso, executado "em nome de Deus", de acordo com o assassino. A existência até 1998 da cláusula da "destruição de Israel" na constituição palestina é também modelar da desinstacialização da letra no inconsciente.

> A vida dos povos, segundo Montesquieu, é governada por leis e costumes; os dois distinguem-se pelo fato de que "as leis governam as ações do cidadão, e os costumes, as ações dos homens". As leis estabelecem o domínio da vida pública e política e os costumes estabelecem o domínio

> da sociedade. A falência das nações tem início com a destruição gradual da legalidade, seja porque o governo no poder abusa das leis, seja porque as leis nascem de uma autoridade que se torna questionável. Em ambos os casos as leis perdem a validade. Qualquer incidente pode destruir costumes e moralidade que não se fundem mais na legalidade; qualquer contingência pode ameaçar uma sociedade que não está mais garantida por cidadãos[73].

A propaganda de Hitler falava uma linguagem há muito conhecida e jamais inteiramente esquecida.

---

[73] Arendt, H. *A dignidade da política – ensaios e conferências*, Relume Dumará, Rio de Janeiro,1993, p. 46.

O "mito ariano"

> Época triste a nossa, em que é mais difícil desagregar um preconceito do que um átomo.
>
> *Albert Einstein*

I – Alemanha: língua, nação e raça

A história nacional da Alemanha se inicia desprendida da história dos outros povos europeus. A história destes acontecimentos passados em solo natal, enquanto que um manual de história alemão trata quase sempre, a título de introdução, da "expansão germânica", isto é, de acontecimentos ocorridos há vinte séculos, fora da Alemanha.

A gênese da história nacional judaica se dá no advento de um texto. É um outro solo. O povo emerge de uma textualidade e fica conhecido como o povo do Livro. A fonte de Israel foi a promessa de terra e nação feita por Deus. Era essa textualidade que Hitler queria destruir.

São formações de ideal que afetam diferentemente a introdução do narcisismo na construção da fantasia popular – *Volksphantasie*.

> E disse o Eterno a Abrão: "Anda da tua terra e a tua parentela e da casa de teu pai para a terra (ha aretz) que te mostrarei"[74].

[74] *Gênesis,* 12.

Um internacionalismo particular, é por aí que os alemães foram levados a lançar sobre a Europa uma espécie de olhar compulsivo. Quando lemos internacionalismo pensamos imediatamente no fora, internacional, mas a própria palavra carrega a dupla face do ideal, pois, o interno a compõe. Podemos dizer que a fantasia é um interior excluído. Aponta para a gênese do conceito de *Lebensraum*, o espaço vital nazi.

A identificação imprecisa da alma dos alemães aos olhos da Europa retrocede à Idade Média. Nietzsche lia a alma alemã como essencialmente complexa e de origem díspar, produto de uma acumulação e de uma costura. Conseqüentemente, a construção da fantasia dependerá da existência de um modelo único para a formação do ideal. Dessa forma, os alemães são inapreensíveis, surpreendentes, mais do que o são a seus próprios olhos os outros povos; escapam a uma definição e, "por esse motivo, são o desespero dos franceses...".

A substituição da denominação do país por *Bundesrepublik* e do parlamento por *Bundestag* em detrimento de *Reichstag* após o término da Segunda Guerra Mundial, a reunificação – *Vereinigung*, o retorno da capital Berlim e a implantação do Euro marcam definitivamente a transformação que a experiência dos acontecimentos do nazismo impôs à alma desse povo e aos povos europeus. Esses fatos têm uma temporalidade própria dentro da historicidade. Dentro de nosso estudo é marcante que a Alemanha tenha abandonado o direito de sangue para a cidadania, isto é, quem nasce na Alemanha é alemão, independentemente de seus laços sangüíneos.

A representação de uma "identidade germânica" é uma idéia tardia e *Deutsche*, em sua etimologia, nos indica não uma ascendência comum mas o advir de uma comunidade lingüística entre diversos clãs e tribos que formavam um quadro geográfico relativamente preciso. Fala-se sempre na Alemanha como uma nação tardia, o que está sempre acabando.

Uma representação cultural e social determinada estabeleceu-se com o surgimento de uma comunidade germânica no confronto com outras culturas. O confronto com a língua e cultura latinas provocou uma conjugação desses clãs germânicos num conceito coletivo, o seu "*Ich*", baseado no "inimigo comum". Estava fundado o I° *Reich* (962 d.C.). Isso foi modelar na formação do sintoma alemão que permitiu a introdução do *Führer* Adolf Hitler, um estrangeiro, na condução política da nação alemã. O Um do primeiro Reich era um que não, assim como seria no segundo e, definitivamente, no terceiro Reich.

Poliakov (1971) cita o Bispo Luterano de Cremona, homem de confiança do Imperador Otão: "Nós germânicos temos um tal desprezo pelos romanos que, quando procuramos exprimir nossa cólera, não encontramos termo mais injurioso do que o de romanos; essa única palavra designa para nós tudo aquilo que é ignóbil, sórdido, obsceno..."[75].

As línguas européias tem os nomes derivados de nomes de povos ou de países – francos → Francia → francês, mas no caso do alemão, a seqüência se encontra invertida, já que o nome da língua comum, *diutisk*, o *Theodiskus,* que surge no tempo de Carlos Magno, precede de um século ou dois a denominação de *Deutsche*, para só depois dar origem a *Deutschland.*

A partição de Berlim fez emergir no real o muro, tal como um fenômeno psicossomático. Uma inscrição aberrante na superfície do corpo. Corpo da nação.

---

75 Poliakov, L. *O mito ariano*, op. cit., p. 67.

Queremos dizer que o *Deutsche*, o alemão, se forma a partir da idealização de diferenças que o conduziu ao imaginariamente simbólico. "Evidente" e "distinto" são traduções. Outro significativo traço conta que a mitologia germânica só se conservou fora da Alemanha nas tradições escandinavas ou nos relatos dos historiadores romanos. O mitológico vive no exterior. Retorna de onde tem a função do efeito da manutenção do ideal de união do povo.

Portanto, chegamos à conclusão que esse eu ideal alemão, em contraposição ao estrangeiro, sofre uma deformação que na psicose faz a transmudação – *Umwandlung* – do outro em inimigo, antecipando sua destruição. É um modelo utilizado em grande escala. É o modelo do fundamentalismo do fim do século XX. É o modelo parafrênico.

A segregação, então, traçava o externo como uma única linha separadora entre os territórios habitados por germanos e aqueles dos homens de outras raças. A separação, como diz Poliakov, "apenas reproduzia a grande clivagem lingüística da época"[76].

O arianismo se baseará na mescla – *mischung* – de representações que são correntes mas sem efetividade simbólica. O problema se inicia quando se toma o ideal como um outro real pela ausência total do elemento simbólico. Alguém pode formar massa.

O significante raça é aplicado indiferentemente para a língua e a nação, promovendo uma confusão de símbolos. Isso também era uma mania judaica. Gerou a criação e utilização do יידש – o *Idish*, código de judeus da época da diáspora, que ser-

---

[76] Ibidem, p. 68.

viu fundamentalmente para sustentar as relações internacionais judaicas até a criação do Estado de Israel em 1948, quando o hebraico definitivamente sedimentou-se como a língua popular judaica. Judeu em alemão é *Jud*, em *Idish* é Yd – יד. Ernest Jones, ao traduzir a obra de Freud para o inglês, propôs a tradução de Id para o Isso – *Es*. Freud espantou-se por entender que ele se referia ao Yd. É, por assim dizer, o alemão escrito com alfabeto hebraico. Isso teve conseqüências.

Há um milênio de distância, um ideal passou a ser tomado como real e acabou formulando o ideal do eu purificado, quando língua, nação e raça totalizam um discurso aparente sobre a realidade corpórea.

O mito ariano emerge da urgência imaginária em se dar conta de uma falta real e as teorias surgem aos borbotões encobrindo, com o discurso da segregação, a ex-sistência no próprio sujeito desse discurso, de uma cisão, uma *Spaltung* no eu. Um milênio após esse ideal ser formado surge a psicanálise.

Nos séculos IX e X, a germânia é o *Reich* oriental dos francos, o *Ost-Reich*, do qual a Áustria perpetuou o nome. Os francos eram a raça real ou nobre na Alemanha como na França.

No fim do século XII, com a dinastia dos Habsburgos, o Cônego Alexander von Roes distingue entre "Francia major" (Alemanha) e "Francia minor" (França). Roes já conhece três nações européias; a italiana, a francesa e a alemã. Aos italianos reserva os restos, aos franceses, a sabedoria, e aos alemães o poder.

Outra verdade da imaginária provém do século XII: era assegurado que Adão e Eva falavam alemão. Ao contrário das línguas românicas, ramificadas e múltiplas, o alemão, cuja origem parece radicalmente distinta, é uno, e portanto a língua original do gênero humano. Língua e raça misturadas de maneira aparentemente indissolúvel são tomadas para alimentar o mito ariano e convergem para o אדם – o Adão não judaico-cristão, mas que se encontra na leitura da Bíblia de acordo com esses autores arianistas. Foi na Bíblia que procuraram um novo Adão para filiar o delírio arianista no discurso.

O culto alemão da purificação da raça através da língua, cujas extravagâncias foram o material para a construção da metáfora delirante da deificação da raça ariana, encontrou seu gozo definitivo no psiquismo e no texto de Hitler. Sua autobiografia, bíblia ariana, abusa dessas idealizações da pulsão, toma de assalto a consciência de culpa e a faz obsoleta. Na primeira edição do *Mein Kampf*, o subtítulo se denominava "Exame de consciência".

Tudo que concerne à germanidade é purificado, sem marca alguma que venha do outro. É nesse plano, onde o ser alemão é da ordem de um puro prazer, que os autores discorrerão suas teorias, na economia onde o que é germânico é bom de adquirir, ao mesmo tempo em que o que vem de um outro campo é odiado e tomado como estranho.

No começo do século XIV surge um manuscrito intitulado "O Livro dos Cem Capítulos", que curiosamente prefigura os delírios hitlerianos. Seu autor anônimo denominava a si "o revolucionário Alto-renano" e pregava a hegemonia germânica e o *Reich* milenar, a submissão – *unterwerfen* – dos outros povos ao povo alemão e dizia que a primazia alemã deixava-se comprovar etimologicamente: o alemão era a língua de "todos os homens – *alle-mann.* De acordo com o anônimo escritor, o Adão germânico e sua gloriosa progenitura parecem escapar ao pecado original, numa afirmação de sua pureza, pois os que restavam, os infiéis, eram escravos natos e deviam ser reduzidos novamente à escravidão. Apesar de ter sido exumado e publicado somente em 1893, sua obsessão pangermanista levara ao extremo tendências psíquicas que se desenvolveram nos países de cultura germânica no século XV. Outro livro redescoberto pela intelectualidade, que veio a intensificar esta polêmica, foi a "Germânia" de Tácito, texto que lhe permitia concluir que os germanos eram autóctones, nasciam de si mesmos e que "sua raça era pura": "...os povos da Germânia, por nunca terem sido maculados por uniões com outras tribos, constituem uma raça particular, pura de toda mistura e que só se parece consigo mesma"[77]. Etimologias identificavam germano como *Gar-Mann* – "homem inteiro".

Todas essas suposições conduzem à elaboração de um certo "ideal do homem alemão". O caráter nacional alemão tornar-se-á um imperativo categórico, um mandamento. Os germanos são filhos de suas próprias obras. Esses trabalhos são todos publicados sob o III° *Reich* e demonstram a cicatriz narcísica da identificação ao pai tomada na psicose. Os germanos derivam de si mesmos (*abstammung aus sich selbst*).

> Cremos, pois, que a verdadeira topicidade da história alemã consiste na ação cumulativa através dos séculos, de um tipo bem definido de fantasma[78].

Poliakov aponta a construção de um delírio de observação contra ameaças sentidas por definição como não alemãs, que induz então a formação do laço de massa. Esse delírio fez surgir o projeto de atacar e destruir antagonistas ao mesmo tempo imaginados ou reais. Um modelo do delírio se forma no final

---

[77] Ibidem, p. 75.

[78] Ibidem, p. 82.

do século XIX, quando os teóricos alemães do pangermanismo concebem o conceito de guerra total que na segunda guerra mundial se implantou definitivamente, partiu Berlim em dois e, em seguida, o mundo, na Guerra Fria.

Freud, no texto "'Uma criança é espancada' – contribuição para o conhecimento da gênese das perversões sexuais", texto sobre a construção do fantasma na clínica psicanalítica, nos diz que a segunda fase da fantasia, "eu sou espancado pelo pai", nunca teve existência real.

> Pareceria que a nova fase que ingressa a criança levou consigo a consciência de culpa e, toda vez que perdura a partir deste momento, corresponde a uma formação cicatricial como o sentimento de inferioridade. Segundo nossa ainda incerta orientação na estrutura do eu, nós a atribuiríamos à instância que se contrapõe ao resto do eu como consciência moral crítica, que no sonho produz o fenômeno funcional de Silberer e se desprende do eu no delírio de observação[79].

Adiantamos que o delírio de observação é mais conhecido na forma da paranóia como o delírio de perseguição: o ser perseguido. Inclusive, os tradutores cometem o erro de traduzir *Beobachtungswahn* por delírio de ser observado ou de ser notado. Esse conceito fundamental das psicoses não se restringe à paranóia. *Anders der paraphreniker.* "Outro é o parafrênico"[80], insiste Freud no texto sobre a introdução do narcisismo e nós insistimos em citá-lo. Na verdade, a dupla face do ideal do eu nos permite a outra leitura, que se resume nesse "perseguir o ser do outro", para fins de pesquisa interna. É como atuam os hitlerianos.

---

[79] Freud, S. "*Ein Kind wird geschlagen*", op. cit., *Band* 12, p. 215.

[80] Freud, S. *Zur Einführung des Narzißmus*, op. cit., *Band* 10, p. 139.

> A sucessão dessa pulsão para a pureza racial – *Triebes zur Rassenreinheit* – vigente na natureza não é só a barreira precisa das raças individuais para fora, mas também sua uniformidade essencial de espécie em si mesma[81].

A Guerra dos Trinta Anos devastara a Alemanha do século XVII (1618-1648). Sua população baixara de 16 milhões para 6 milhões. O país fora arruinado profundamente. Estava recortado em todos os sentidos por tropas estrangeiras, o que provocou um despedaçamento na imagem geográfica da nação.

A preponderância francesa afirmava-se em todos os domínios. Depois de uma primeira fase pouco feliz, a França conquistou brilhantes êxitos nas batalhas. A língua alemã fora *invadida* e parecia que seria *colonizada*. A questão da pureza da língua foi a fonte que calcou durante séculos a identidade germânica. "Ser dominado por uma língua estrangeira é um jugo tão pesado como sê-lo por uma nação estrangeira.", dizia um poeta alemão, citado por Poliakov.

O "ideal do homem alemão" exerceu nos séculos XIX e XX uma influencia que se pode crer decisiva. Os homens da vida pública do II° e sobretudo do III° *Reich* foram testemunhas desse desprendimento da consciência e da formação de um ideal do eu desordenado por não estabelecer vínculos possíveis com o real. É popular a obsessão dos alemães pela ordem.

Somente o alemão forjava nomes compostos para substituir termos da etimologia grega ou latina internacionalmente adotados. Como se o alemão se diferenciasse, não devesse nada aos Antigos.

---

[81] Hitler, A. op. cit., p. 312.

> Continua sendo verdadeiro que os purificadores filólogos do século XVII – ao contrário dos purificadores biólogos do século XX – viram, no conjunto, sua obra coroada de êxito[82].

Os maiores autores da literatura alemã do século XVII desenvolveram argumentos e raciocínios já conhecidos: os germanos são de raça pura; instalaram-se na Europa em tempos imemoriais, antes da confusão de Babel; submetendo a águia romana, subjugaram todo o ocidente e geraram as dinastias reais e as aristocracias. É uma língua de "heróis existindo em si e por si", contrastando com as outras línguas "remendadas", línguas "mendigas".

As afirmações, espalhadas por vários textos, foram sendo compiladas e finalmente formaram um único texto sob a pena de Hitler – o *Mein Kampf.*

II – As origens arianas

Pierre-Louis de Maupertius (1698-1759), certamente merece o título de "um dos criadores da genética". Sonhava em "levar mais longe as experiências, até as espécies que a natureza menos une"; mas as experiências *In vivo* sobre a espécie humana atraíam-no ainda mais.

Eleito presidente da Academia de Ciências de Berlim, Maupertius esperava poder fazer coisa bem melhor, mas seu augusto protetor e amigo Frederico II, por mais céptico que fosse, não ousou pôr em execução o projeto de "cultivar uma variedade de homens de natureza nobre". Esse projeto é conhecido pela menção feita por Emanuel Kant em 1783:

---

82 Poliakov, L. *O mito ariano*, op. cit., p. 87.

> "A proposição do senhor Maupertius de cultivar numa província qualquer uma variedade de homens de natureza nobre, nos quais a inteligência, a energia e a honestidade fossem hereditárias, repousa na possibilidade de criar enfim uma tal variedade permanente, graças a uma seleção cuidadosa, permitindo eliminar os nascimentos degenerados. Tal seleção, que segundo meu parecer, seria desejável em si, parece-me irrealizável, devido à sabedoria superior da natureza..."[83].

Esse programa foi implantado na Alemanha dois séculos mais tarde e tornou-se a base experimental da ciência do nazista.

"Há algo que faz com que o ser falante se mostre destinado à debilidade mental", lança Lacan no seminário "R.S.I." (real-simbólico-imaginário). E a debilidade é negócio de corpo. O corpo é o ponto de partida desse imaginário e sua única referência. É o que nos faz logo tropeçar e atolar, trazer à baila esse imaginário. São as desvantagens das figurações "imajadas". A debilidade está enraizada no próprio corpo, no ponto dito do objeto *a*.

É no sintoma que o nazismo produziu no real – o campo de concentração – que identificamos o signo disso que debilita o ser falante.

> Uma coisa me surpreendeu na leitura de uma obra da qual, por acaso, minha filha ouviu falar para o seu trabalho sobre Buffon. O texto é de Maupertius que, na Academia de Berlim, sob o título da "Vênus Física" (1756), faz uma relação do que, em suma, está na vanguarda de sua época, do que é conhecido sobre o fenômeno da reprodução dos corpos vivos. E para introduzi-lo a partir do termo da "Vênus Física", ele preferiu relacionar apenas a reprodução sexuada.
>
> Maupertius, por não ser tolo, por não ter se limitado a esse fato maciço e, para dizer claramente, por não ter sido bastante burro, não sente o

[83] Ibidem, 1p. 104.

> ponto propriamente de descoberta que constitui a apreensão real da distinção dos sexos, não se limitando ao que lhe era dado. Se ele fosse mais tolo, erraria menos. Por não ser tolo ele imagina tão mal[84].

A "História natural" de Buffon, foi, durante quase um século (publicada de 1749 a 1789), a principal fonte de informação da Europa culta sobre os homens e os animais exóticos. Sua popularidade reflete o ambiente cultural do público.

O Conde de Buffon foi um grande observador da natureza e demonstrava intuição sobre a transformação lenta do universo e da evolução das espécies vegetais e animais. Na Europa ainda vigoravam os desvios da alienação do período de domínio da Igreja. E esses intelectuais das Luzes não escaparam das influências desse imaginário tomado como real em seu pensamento.

Darwin inicia "A origem das espécies" discutindo os progressos da opinião relativa à gênese da questão. Critica abertamente as idéias de Buffon, que admitia que as espécies eram produções imutáveis criadas separadamente.

> Deixando de lado as alusões que, a tal respeito, se encontram nos autores antigos, Buffon foi o primeiro nos tempos modernos a tratar deste assunto de maneira essencialmente científica. Contudo, como suas opiniões variavam muito de época para época, e não trata nem das causas, nem dos meios de transformação da espécie, é inútil entrar aqui em minúcias com referência aos seus trabalhos[85].

Darwin passa então a tratar do que interessa para a sedimentação de sua doutrina.

A zoologia antropomórfica de Buffon revela os preconceitos sobre os quais se baseia. O leão, rei dos animais, surge

---

84 Lacan, J. O Seminário, livro XXII, *R.S.I*, 1974/75, inédito.

85 Darwin, C. *A origem das espécies*, Ediouro, Rio de Janeiro, 1987, p. 7.

próximo do homem, rei da criação. Os grandes mamíferos constituem a nobreza, enquanto os pequenos parecem representar uma ruptura desprovida de linhagem ancestral. Recusa toda qualidade antropomórfica aos insetos. Descreve os Hotentotes (africanos), comparando-os com os macacos, com a grande diferença de que "o Criador, ao mesmo tempo em que conferiu ao hotentote esta forma material semelhante à do macaco, penetrou este corpo animal de seu sopro divino"[86].

O verdadeiro corpo humano é o do homem branco. Explica, através da teoria das degenerações, tomada de Maupertius, a degeneração dos negros pela "diferença de sangue". Parece convicto de que essa degeneração é irremediável. Para "reintegrar a natureza do homem" é necessário ao negro "um grande número de séculos".

Os contemporâneos tomavam para si essas concepções e são os Iluministas que estabelecerão os fundamentos do racismo no século seguinte. As regras do mundo intelectual demonstravam o radicalismo de suas idéias sobre a questão das raças humanas.

> Maupertius não é tolo na medida em que ele não se limita, ou, pelo menos, não estritamente, ao que lhe é fornecido; é que, em suma, faz hipóteses. "A hipótese *non fingere*"[87].

O grande delírio narcisista mantinha a idealização da inferioridade das raças não-brancas. Como afirma Freud acima, o delírio de observação emerge do sentimento de inferioridade expresso em sua forma invertida. Esses acontecimentos psíquicos tomaram a antropologia nascente no turbilhão imaginário impulsionado pela fenda – *Spaltung* – entre ciência e verdade.

---

86 Poliakov, L. *O mito ariano*, op. cit., p. 143.

87 Lacan, J. O Seminário, livro XXII, op., cit., p. 11.

> Essa fenda, ele a reconhece de maneira como que cotidiana. Admite-a na base, já que o simples reconhecimento do inconsciente basta para motivá-la e que, além disso, ela o submerge, por assim dizer, em sua constante manifestação[88].

III – O espelho da Índia

O parentesco existente entre diversos vocábulos asiáticos e europeus chamou a atenção desde que a Índia foi aberta aos europeus. Mas as línguas asiáticas permanecem mal conhecidas e a representação do hebraico como modelo de língua mãe, da qual as outras teriam derivado, desviava os espíritos.

William Jones, poeta e jurista inglês, representante do governo inglês em Bengala, começou a estudar o Sânscrito e rapidamente constatou o parentesco com o grego e o latim. Data ordinariamente em 1788 a descoberta da família das línguas indo-européias. No início do século XIX, a descoberta de Jones tornou-se conhecida do público letrado por intermédio de Friedrich Schlegel, que logo dá uma feição antropológica, concluindo, a partir do parentesco da língua, o parentesco da raça. Atiçará, mais por sugestão do que por uma lógica convincente, a Alemanha, pelo mito de uma raça ariana. Desenvolve uma teoria interessante aos nossos estudos. Inspirando-se nas "Metamorfoses", de Ovídio, coloca a hipótese de que o que causou o movimento para fora da Índia foi uma "prodigiosa revolução, uma perturbação da consciência humana. Um crime original que transformara os doces vegetarianos em carnívoros, doravante impelidos a partir para longe por qualquer instinto

---

[88] Lacan, J. *Escritos*, Jorge Zahar Editor, Rio de Janeiro, 1998, p. 869.

obscuro". Schlegel tomava a precaução de acrescentar que se tratava de "fatos anteriores a toda história". Tudo era poeticamente sugerido. Não empregava os termos ariano ou indo-germânico mas estimulava as especulações.

Podemos dizer, pela similitude filológica que apresentam, que sânscrito, grego, latim, alemão e outras línguas eram da "mesma horda". Os filólogos adotaram o termo indo-europeu para designar as raízes comuns dessas línguas. O indo-europeu é uma língua morta.

A visão de que houve um povo indo-europeu rapidamente se tornou corrente. No início do século XIX (1823), Julius von Kalproth sugeriu que o termo fosse modificado para indo-germânico. Apesar de não possuir nenhuma base sólida, essa hipótese era aceita até o final do século XIX. Tornou-se muito divulgada a idéia de que a descendência do ariano originava-se dos invasores da Índia e que se autodenominavam Aria. Existiria então, como implicação, uma raça ariana que era o ancestral comum de todos os povos da região que se chamava Eurasia.

O judaísmo era remontado a um "bramanismo primitivo", a verdadeira religião natural: Abraão-Brahma e Sara-Sarasvade eram brâmanes. Esaú era Arimã e Jacó era Ormudz. O arsenal de termos começava a ser construído. O termo ariano, há tempos tomado de Heródoto para designar os persas, recebeu seu "direito de cidadania" graças a, novamente, Friedrich Schlegel, que justificava sua lógica vinculando a raiz Ari à palavra germânica *ehre* – honra. O termo forjado indo-germânico foi logo adotado pela maioria dos autores alemães.

Deve-se esclarecer que Schlegel militava a favor da emancipação dos judeus e os eruditos da Alemanha nazista, desconhecendo aquilo que lhe deviam, censuravam-no pela "falta de instinto racial", pois Schlegel casou-se com a filha de Moisés Mendelssohn, que teve sua estátua retirada pelos nazistas da praça pública em Viena. Esses dados são significativos na medida em que essa montagem de linguagem teve conseqüências vitais num domínio onde tudo depende das palavras; e, uma vez postas em circulação, as palavras escapam rapidamente dos homens que as proferem[89].

IV – A ascensão da suástica

O século XIX caracterizou-se pela efervescência nacionalista e as ciências humanas foram assujeitadas a uma influência decisiva dessa tendência. As construções arriscadas ou francamente delirantes começavam a proliferar. Em diante, ocorre a anexação de uma ciência verdadeira e fecunda por uma ciência delirante, a "antropologia racial" e os extravios antropológicos ocorridos pela ditadura do verbo influenciam o curso tomado pelas paixões políticas. Teorias e palavras novas multiplicam-se. A nova antropologia das Luzes fornecia um quadro geral de um fenômeno "semântico-social". Na época, a questão judaica era discutida com fervor todo particular. Na idade da ciência não era mais cabível exigir o restabelecimento dos guetos por argumentos teológicos e é logo após sua emancipação que o povo judeu "deicida" se transmudou em "raça inferior semita". Tendências estranhas exprimem-se doravante com neologismos. O anti-semitismo preexistia ao arianismo e favorecia sua influência.

---

89 Poliakov, L. *O mito ariano*, op. cit., p. 161 e seguintes.

Charles Darwin chegara ao Rio de Janeiro em 1832 no navio *Beagle,* onde permaneceu por oito meses[90]. "Origem das espécies" foi escrito de 1837, quando terminou sua viagem, a 1859. Darwin desenvolve nesse tempo a teoria da seleção natural. "A Origem do Homem e a seleção em relação ao sexo" foi publicado em 1871.

De abril de 1869 a maio de 1870, o conde de Gobineau chefiou a legação da França no Brasil[91]. Essas duas viagens têm muito em comum na medida em que definiram o pensamento desses dois sobre o mesmo assunto. Ao mesmo tempo influenciaram o pensamento científico do século XIX.

Darwin em sua obra "A origem do homem e a seleção em relação sexo" introduz um interlocutor imaginário para debater suas teorias. Freud também utilizava esse artifício de escrita quando queria responder a alguns. Podemos supor quem era esse interlocutor de Darwin.

> Ao investigar nosso suposto naturalista se as formas humanas, à semelhança das espécies ordinárias, permanecem distintas quando se mesclam em grande número em um mesmo país, acharia rapidamente que isso acontece. Poderia ver no Brasil uma imensa população mestiça de negro e português. Nosso naturalista se veria igualmente surpreendido ao perceber que os caracteres distintivos das raças humanas são muito variáveis. Este é um fato que surpreende os que primeiro observam no Brasil os negros trazidos de todas as partes da África[92].

A romântica captura narcísica de uma "democracia racial" transmitida pelo Brasil deve-se à divulgação dos textos de

---

[90] Darwin, C. *O Beagle na América do Sul,* , Paz e Terra, Rio de Janeiro, 1996, p. 13.

[91] Raeders, G. *O Conde de Gobineau no Brasil,* Paz e Terra, Rio de Janeiro, 1996, p.11.

[92] Darwin, C. *El origen del hombre,* EDAF, Madri, 1989, p.171.

Darwin. Temos no Brasil uma democracia política frágil, que dirá racial, se isso existisse. Há, sim, uma forte tendência a um *branqueamento.* É a velha estória racista do "negro de alma branca", como se referiam a Pelé. É um comportamento incorporado na vida cotidiana do povo brasileiro. Temos assim uma versão amortecida e encobridora que podemos chamar de "seleção final". Produz-se uma exclusão social "natural". Talvez por isso os brasileiros inventaram as curiosas expressões populares "lei que não pega" e "para inglês ver". Outra aberração é o fato de alguém que cometeu um crime ter direito a prisão especial por possuir diploma universitário. É uma forclusão. A população carcerária é predominantemente negra, o que prova nossa teorização.

O verbo judiar também é dito no cotidiano sem que se dê conta do que se diz. Um judeu de língua portuguesa não o escuta sem mal-estar. É um resíduo da época da Inquisição quando o judeu era tido como o "zero absoluto do mal".

A diversidade cultural popular do Brasil e a facilidade da miscigenação vivida produz a única forma de expressão democrática que temos: a religiosa. Neste campo, reina a tolerância.

Em seu "Ensaio sobre a desigualdade das raças humanas" (1876), o Conde de Gobineau expõe sua teoria da hierarquia entre as raças. A raça superior era a loura, dolicocefálica (largo crânio), que habita a Inglaterra, a Bélgica e o norte da França. Nesse ensaio, Gobineau desejava provar a descendência nobre de sua família e escreve sobre a superioridade de sua própria casta. Gobineau não era nem pró francês nem pró alemão; ele afirmava a "pura e superior descendência ariana da aristocracia" em qualquer país. Sua teoria teve penetração na Alemanha onde manteve contato com Richard Wagner, que ajudou a difundi-la. Após a guerra franco-prussiana em 1870, arianismo passou de superioridade inata de uma classe social a dogma da superioridade de certas nações.

Postulava-se a *pureza biológica de uma classe social* e, conseqüentemente, de uma nação. É literalmente um ideal parafrênico, implantado pelo modelo da escravidão.

Os *germanomaníacos* não eram adeptos da nova geração indiana. Conservavam o termo ariano, mas esvaziado de sua substância indiana, pois os germanos originaram a si próprios. São o povo original.

O século XIX foi profícuo no desenvolvimento pseudocientífico do mito ariano. Os elementos fundamentais do mito: biologismo, vitória merecida do mais forte, superioridade da juventude e superioridade da brancura.

O propagador mais influente do mito ariano ou indogermânico foi Jakob Grimm, oráculo dos autores de manuais de literatura e história. É sobretudo por esse canal que no século XX o mito será ensinado a um público numeroso. Diz Grimm que "todos os povos da Europa, e em primeiro lugar aqueles que, originariamente aparentados, se elevarão à supremacia, emigraram em tempos remotos da Ásia; foram postos em movimento de leste para oeste por uma irresistível impulsão cuja verdadeira causa permanece desconhecida". Mas Grimm não utilizava o termo ariano, que foi acolhido na Inglaterra e França com mais ímpeto que na Alemanha[93].

A cosmogonia elaborada na Alemanha propagou-se rapidamente na França. Há uma verdadeira corrida às origens asiáticas através da lingüística e da fisiologia e uma recusa da antropogonia da Bíblia. Os autores retraçam a genealogia a par-

---

93 Poliakov, L. *O mito ariano*, op. cit., p. 177.

tir desses estudos. Todos têm a idéia de que o Panteão judeu é insuficiente, ou um engano, para a construção da genealogia européia. Havia um movimento de restauração do cristianismo pela ciência que tendia a filiar a revelação particular a Moisés à revelação universal indiana. Há, então, uma substituição da "raça semita" pela raça ariana. Os arianos tornam-se o povo eleito; o "novo Israel" é fundado, assim como acontecera há quase dois milênios, quando da partição entre judaísmo e cristianismo.

As bíblias arianas não tardam a serem escritas e seus exemplares atingem vendas consideráveis. A raça ariana torna-se a "dona do planeta". A *antropo-sociologia* acreditou nisso e pregou a superioridade de um estilo próprio ariano. Mas só conseguiu um reforço da arrogância racista. Dando uma falsa ilusão de ter uma garantia moral, incrementou as tendências agressivas do pan-germanismo.

A nova Ciência Natural tinha várias vertentes: anatomia comparada; antropologia física; filosofia natural (*Naturphilosofie*); a concepção de que "o físico determina o moral"; questões como a de uniformidade racial, raças históricas e raças fisiológicas. Os debates nas sociedades científicas de antropologia fervilhavam em torno desses temas. Percebiam-se ainda vestígios de questões religiosas.

Essas ciências operavam com o auxílio de compassos e outros instrumentos de medição. Mas, se observarmos com atenção seu desdobramento, constatamos que, na realidade, elas tomavam de empréstimo seus principais elementos da lingüística; e foi justamente essa base que lhes outorgou o status de ciência e o que permitiu que seus conceitos se propagassem na sociedade.

Na segunda metade do século XIX, a divisão racial entre arianos e semitas era aceita de forma quase dogmática por pesquisadores. Em pouco tempo, todos os europeus cultos incorporaram essa crença como parte de seu pensamento.

A implantação da representação de coisa "judeu-objeto" continuava o seu rolamento, agora travestido por uma questão racial e não mais religiosa. A contradição judeu-cristão, interpretada à luz da ciência, exigia agora uma explicação "natural". Esta veio sob a máscara da contradição semito-ariana. As teorias colocavam os judeus como "pré-adaptados à sua função teológica".

> A idéia de que os judeus eram feitos de maneira diferente dos outros homens, e singularmente dos cristãos, depois de ter inspirado muitas lendas medievais integrava-se assim ao saber científico moderno[94].

Era expresso em jargão científico um tema que inspirou obras como *Mein Kampf* e *La France Juive.* Uma mulher que tivesse relações com um judeu, mesmo que uma só vez, estava destinada a pôr no mundo unicamente "hebróides". A legislação do III° Reich formulou a idéia de "penetrância" do sangue judeu e, mais geralmente, dos sangues "anarianos".

Quando chegamos à questão sobre o Holocausto, somos obrigados a aceitar o que se impunha: toda a sociedade alemã via a "solução final" da "questão judaica" como algo naturalmente inserido numa lógica. A realização do nazismo impunha uma seleção de povos para a expansão da idéia de arianidade. A burocracia do *Reich* não tinha problemas de consciência em relação a sua concretização, que fazia parte dos alicerces ideológicos do nazismo.

Genericamente, não havia um verdadeiro preconceito racial antes do século XV, quando a divisão do gênero humano não era tanto entre raças mas entre cristãos e infiéis. Uma segregação da

---

94 Ibidem, p. 270.

condição humana emerge quando a barreira biológica racial é intransponível. A questão que supostamente a Igreja não havia resolvido foi retomada pelos nazistas. A cruz era a suástica. Os nazistas são modelos de uma certa veia aberta da condição humana.

A princípio, o termo preferido dos autores era o indo-germano e, no caso da propaganda anti-semita, utilizavam a raça indo-germânica, que se opunha à raça semita. Mas já se falava nas origens arianas do povo europeu. Há a abolição da "antiga tirania dos lingüistas", o que demonstra mais uma vez a influência da lingüística sobre a antropologia. Os antropólogos constatam essa sujeição e nessa fenda Freud introduziu o seu "Totem e tabu" no meio científico do começo do século XX. Alguns cientistas observavam que as particularidades de uma língua eram mais estáveis do que as particularidades raciais e os antropólogos que procuravam traçar as origens das raças européias trabalhavam estritamente no campo da probabilidade. Havia também críticas sobre a maneira como a antropologia tratava as línguas e as raças, como se elas coincidissem sempre e com exatidão. Mas esses homens não possuíam autoridade política suficiente para fazerem valer suas idéias.

Prevaleceu a matéria prima que os lingüistas forneciam aos antropólogos, que era constituída por uma condensação e uma mesclagem de questões de linguagem e de fisiologia. Um filólogo do século XIX acreditava ter demonstrado "cientificamente, por meio de fatos da história natural da linguagem, a diversidade natural da constituição mental e, por conseguinte, da organização cerebral dos arianos e dos semitas"[95].

---

[95] Ibidem, p. 246.

As fórmulas raciais eram aceitas nos círculos científicos sem críticas e a crença invocada por elas impunha-se, não encontrando resistências. Acoplado às fórmulas, o discurso grandiloqüente dos fervorosos arianistas disseminava-se e inclusive abarcava o discurso cristão. A raça ariana era destinada pela Providência a dominar um dia o mundo inteiro. Era privilegiada entre todas as outras pela beleza do sangue e por dons de inteligência. Essa raça era dotada, desde o começo, daquilo de que careciam os hebreus.

Os arianos foram os civilizadores do mundo e terão sido o principal instrumento dos desígnios de Deus sobre o destino do homem na Terra. Concluiu-se que o cristianismo era uma religião que, em sua essência, derivava da inspiração ariana. Nesse ponto Hitler se desatou dessas correntes, pois aos cristãos reservaria campos de concentração se tivesse vencido.

Visto a *posteriori*, parece inverossímil esse movimento de inversão iniciado na Europa e que foi a realidade vigente, principalmente na Alemanha.

> De 1940 a 1944, aproximadamente, a mais importante diferenciação entre os habitantes da Europa Continental foi aquela entre arianos e semitas. Com efeito, os seres humanos pertencentes à primeira categoria eram autorizados a viver, enquanto aqueles pertencentes à segunda estavam condenados à morte; na maior parte dos casos, a sentença no decurso de quatro anos, era executória. Seus motivos achavam-se expostos em abundante literatura, hoje esquecida: será suficiente citar o autor mais influente deste tempo: Adolf Hitler[96].

Hitler é o representante modelar do fenômeno da segregação. A onda que se formava há dezenas de séculos estou-

---

96 Ibidem, Introdução.

rou na Segunda Guerra Mundial. Se o deixassem agir mais ainda, globarizaria o nazismo, pois essa era a intenção. Hitler foi quem catalisou em sua própria pessoa e para ele convergiram todos os vetores do arianismo e do anti-semitismo. O *Führer* nazi foi alçado a esse *topos* pela implantação das idéias delirantes da ordem que descrevemos. Seu discurso impregnou a massa alemã, pois essas já estavam preparadas para absorvê-lo há muito. Hoje, seu nome confunde-se com o horror e a estranheza contra os quais o judeu teve de lutar por mais de mil anos. A inversão, sem dúvida, se deu. Que fique como uma forma pretensamente ultrapassada de holocausto, como diz Lacan.

> O ariano é o Prometeu da humanidade, e de sua fronte é que jorrou, em todas as épocas, a centelha do gênio, reavivando sempre de novo aquele fogo do conhecimento que iluminou a noite dos tácitos mistérios, fazendo ascender o homem a uma situação de superioridade sobre os outros seres terrestres. Ao passar em revista todas as causas da derrocada da Alemanha, resta, como última e decisiva, o desconhecimento do problema racial e, sobretudo, do perigo judeu[97].

Poliakov diz que, entre as ciências que predominaram no século XIX e até a metade do século XX, há uma que deve ser ressaltada e que nos demonstra o estado de coisas vigente na Europa. Era a chamada "ciência craniológica", que introduziu o conceito de "índice cefálico". Os povos dolicocefálicos eram dotados das melhores faculdades da alma. A braquicefalia era sinal de atraso. A teoria craniológica criou esse índice e vários outros. Estranhos instrumentos de medição eram utilizados. A Europa erudita mais uma vez aceitava "idéias científicas" dessa ordem e acreditava que os crânios podiam definir as raças humanas com mais exatidão do que as línguas.

---

97 Hitler, A. op. cit., pp. 313-7.

Apesar dos progressos da medicina e da evolução geral dos costumes suprimirem aos poucos as idéias que tanto impressionaram os cientistas do século XIX, a tese da "especificidade semita" persistiu, apoiada por seus defensores e com o auxílio de outras disciplinas.

Nos meios psiquiátricos, notadamente nas Escolas de Paris e Zurique, as "características" dos judeus eram vinculadas a questões da patologia nervosa. Havia uma terrível neurose judaica e um perigo de contágio. Certamente, essa autorização dos psiquiatras teve enorme importância na popularização do mito ariano e do anti-semitismo real.

V – O anti-semitismo real

O delírio biologizante instalou-se no domínio das mentes. A esfera fendeu em Hitler e no nazismo. Um movimento que não deve ser compreendido como político, nos diz o próprio Hitler. Ele falava como um visionário. Imaginava uma mística biológica. Sua inspiração levou-o a construir uma terminologia própria. Acreditava estar no limiar de um saber mágico. Seu destino era traçado pela ação das forças ocultas. Hitler era um messias que comandava uma sociedade de messias. São os redentores da Alemanha pangermanista, que elevariam a humanidade a seu destino prodigioso. E Hitler estva convencido de que era essa a sua missão.

Sua representação de nação e sua política não tinham mais que um valor provisório. O destino dos homens comuns não lhe pertence. Estes são incapazes de conceber ou suportar algo que está reservado somente para alguns eleitos. Estes homens estão em "relação mágica com o universo" e utilizaram em massa, como faz a mídia moderna, imagens que têm algum funcionamento simbólico mas que em momento algum objetivam o real. Não se emprega realmente um único elemento simbólico. Portanto, Adolf Hitler não é mito e deve advir revelado.

> A magia deve servir a várias intenções, deve submeter os fenômenos naturais à vontade do homem, proteger o indivíduo dos seus inimigos e de perigos, e conceder-lhe poderes para causar-lhes danos. Mas o princípio sobre cuja premissa repousa o fazer mágico – ou mais ainda o princípio da magia – é tão evidente que nenhum dos autores desejou reconhecê-lo. Se prescinde do juízo de valor implícito, se pode expressar da maneira mais sucinta com as palavras de E. B. Taylor: "*mistaking an ideal connection for a real one*"[98].

Esses nazistas (grupo de *Thule*) chegaram ao poder em 1933 e, a partir daí, a Alemanha passou a fazer parte de uma civilização totalmente alienada da civilização conhecida, conduzida por esses profetas do "socialismo mágico", num itinerário desconhecido.

A antiga espécie humana (semita) já entrara no estádio de degradação. Toda a força criadora se concentrará numa nova espécie, que ultrapassará infinitamente a atual.

O IIIº *Reich* foi concebido para governá-la e seu *Führer* era Adolf Hitler, o *Eleito de Deus*. Hitler chegou ao três mas não tinha o três. O três é a estrutura e é a condição numérica que dá a abertura ao que é simbolicamente real: a angústia. É o que se precisa na análise para apontar a primazia da instância da letra no inconsciente. É a instância da letra no inconsciente que fixará o real como representante do sujeito no mundo. O que

98 Freud, S. *Totem und Tabu, Band* 9, op. cit., p. 99.

retornava no real nessa época há muito fora rechaçado no simbólico. O *Reich* número três é a forclusão definitiva de uma possibilidade de se fazer laço simbólico.

Não consideravam o judeu um animal. Ele estava muito mais afastado dos animais do que os arianos. Exterminá-lo não era cometer um crime contra a humanidade: ele não fazia parte da humanidade. Era um ser estranho à ordem natural.

A representação de coisa do "judeu-objeto" mais uma vez retorna do estado de latência. Foi nesse tempo do retorno que o nazismo implantou os campos de concentração. As experiências de esterilização, experiências supostamente genéticas, e outra série de atrocidades foram feitas em nome de uma divindade.

O anti-semitismo real se transformou, durante o nazismo, numa visão de mundo – *Weltanschauung*. Há séculos que já era uma paixão que engendra o ódio e a cólera – a paixão da ignorância. Portanto, para o anti-semita (talvez para sua infelicidade), na sua construção delirante, a coisa "judeu-objeto" é absolutamente necessária e causa originária – *Ursache*.

Já dissemos que houve um tempo em que o ser judeu foi tido como "zero absoluto do mal" e essa representação retorna potencializada na neurose demoníaca nazi.

> Os poucos não podem persuadir a multidão da verdade porque a verdade não pode se tornar objeto de persuasão, e a persuasão é o único modo de lidar com a multidão. Mas enquanto não se pode ensinar à multidão a doutrina da verdade, pode-se, por outro lado, persuadi-la a acreditar em uma opinião, *como se essa opinião fosse a verdade*. A opinião apropriada para levar a verdade dos poucos à multidão é a crença no Inferno; persuadir os cidadãos de sua existência fará com que se comportem como se soubessem a verdade. Em outras palavras, a doutrina do Inferno em

> Platão é claramente um instrumento político inventado com finalidades políticas[99].

O parafrênico, na sua captura narcísica, segue a trilha do "prazer de negar". Não pretende construir uma sociedade e sim purificar a existente. É um "destruidor sagrado". É um gozo único.

Na Alemanha nazi foi implantada no campo de concentração uma *Weltanschauung* do inferno, como nos modelos medievais, com a diferença dos avanços tecnológicos. Foi a transmudação da perversão da religião em ideologia, nos diz Hanna Arendt.

O segregador moderno escolheu o "ser judeu" como alvo de sua hostilidade devido ao horror religioso que sempre lhe causou, mas as bases desse anti-semitismo não podem ser encontradas no discurso teológico, apesar de este ter aberto a veia da psicose. Elas se encontram nas teorias de segregação. Sabemos que as características étnicas do judeu são vinculadas ao povo dos países onde vivem. Há traços físicos desordenados, como em todas definições raciais.

A ilusão que o anti-semita criou mescla a coisa "judeu-objeto", realizada como símbolo religioso do mal durante séculos, ao delírio nazista da pulsão da raça pura. Passa a discernir o judeu com um simples "golpe de vista". Assim como a Inquisição "via" heresias por toda parte. É inequívoco que o nazismo alcança seu zênite na tomada do modelo da Igreja, introduzindo-o no Exército.

Até a emancipação, o judeu só possuía um ofício definido: o comércio do dinheiro; e era *mal-dito* por isso. Ocupava

---

99 Arendt, H. *A dignidade da política – ensaios e conferências*, Relume Dumará, Rio de Janeiro, 1993, p. 69.

essa função, que é efeito de um fenômeno econômico-social no mínimo curioso, pois era indispensável, de primeira necessidade. Com a emancipação, o anti-semitismo recrudesce e se estabelece em suas bases modernas. É na era nazi que a coisa "judeu-objeto", esse interior excluído, que já havia sofrido deformações cumulativas durante toda a Idade Média, é mesclada nessa representação corporal: o velho usurário, de longo nariz, curvado, fraco e feio. Ícone que podia ser visto em qualquer publicação cotidiana do III° *Reich*.

Sabemos que o ritual do corpo foi o imã da juventude hitlerista e era pelo ideal de um corpo ariano que os nazis mantinham a disciplina e o controle das massas. Para o nazi, o corpo é fruto de uma relação mágica com a terra a qual pertence, a terra mãe – *Mutterland*. Possui esse "estilo biológico", onde figuram a graça e a nobreza como valores vitais. Exprimem a "aristocracia do corpo". Esses valores são recusados aos não arianos.

Sob Hitler, passava-se a temer estar na própria pele e tornava-se irreconciliável com o corpo próprio. Era impossível a construção de uma representação de corpo próprio, até para o alemão. O judeu, que antes não podia possuir terras, chega na época nazi impedido de tomar posse do corpo próprio e é obrigado a promover mais êxodos.

A remodelação dos ideais num caso de psicose autobiograficamente descrito (PARAPHRENIE)

O caso Hitler

O Gênio sou que sempre nega!
E com razão; tudo o que vem a ser
É digno só de perecer;
Seria, pois, melhor,
nada vir a ser mais
Por isso, tudo a que chamais
De destruição, pecado, o mal,
Meu elemento é, integral.

Goethe[100]

O parafrênico é introduzido por Freud em 1911, quando toma para a análise a autobiografia de Daniel Schreber, famoso jurista alemão, "Memórias de um doente dos nervos", as *Denkwürdigkeiten* (1903), escrito no hospital psiquiátrico de Sonnenstein durante internação. Seus feitos memoráveis, legados à ciência na "língua fundamental", de acordo com a vontade do autor. Os mesmos ideais tinha Hitler de sua biografia, "Minha luta", o *Mein Kampf*, tomada como missão divina. Escreveu-a durante os três anos que permaneceu na prisão (1923-1926) e publicou-a em 1927.

Freud procura a partir da paranóia o que há de analógico nos atos do esquizofrênico, do paranóico e do parafrênico, todos dementes.

---

[100] Goethe, J. W. *Fausto*, Edusp, São Paulo, 1981, p. 71.

A paranóia, que lhe parece essencial, é um tipo clínico autônomo e deve ser assim conservado. Seu quadro (*Bild*) confunde-se com traços esquizofrênicos mas tem um mecanismo de retorno diferente na formação do sintoma (*Symptombildung*). Precisamente essa diferença nos interessa em nossa análise do caso Hitler.

Freud define sua escolha pelo nome *Paraphrenie* por trazer à expressão suas relações com a "denominação inalterável da paranóia" e por "seu conteúdo incerto"[101].

Freud diferencia entre o parafrênico e o paranóico o modo da queda – *Ausfall* – do interesse da libido pelas pessoas e coisas. Devemos entender essa diferenciação no âmbito das insatisfações entre as teorizações de Freud e Jung.

Jung vinha publicando textos sobre a ocupação da libido sem diferenciação nas psicoses, o que contraria os quatro conceitos fundamentais da psicanálise: o inconsciente, o objeto, a transferência e a pulsão. Sua teoria da introversão da libido aparece nos textos mais tarde reunidos no livro *Símbolos da transformação*, especificamente no capítulo III do texto, "A transformação da libido", e era empregada, sem diferenciação, às neuroses e psicoses.

O conceito de transformação – *Wandlung* – é uma das chaves lógicas de linguagem na teoria da libido, para a compreensão da formação do ideal e a sublimação da pulsão. Jung neste texto passa a cuidar do "erro de Freud"[102]. Hitler dedica um capítulo a *Wandlung zum Antissemiten.*

---

[101] Freud, S. *Psychoanalytische Bemerkungen Über einen autobiographisch beschreibenen Fall von Paranoia, G. W. S. Fischer Verlag, Frankfurt Main, Band* 8, pp. 312-3. S. E., 101 e seguintes (o caso Schreber).

[102] Jung, C.G. *Obras Completas*, vol. 5, *Símbolos da transformação*, Vozes, Rio de Janeiro, 1995, p.130.

Em entrevista ao jornal "O Globo", de 4 de janeiro de 1960, Jung se autoproclama o discípulo "reformador" de Freud.

A citação de Jung a seguir encontra-se no *Zentralblat für Psychoterapie*, número 6, de 1933. Nesse ano ele estabelece a distinção entre o inconsciente judeu e o ariano, entre psicologia judaica e germânica. Nesse ano, Hitler alcança o poder pelo voto popular na Alemanha.

> A Sociedade espera que todos os seus membros com qualidades literárias e retóricas tenham estudado com seriedade científica o livro de Adolf Hitler *Mein Kampf* e o considerem como básico. A mesma cooperará com a obra do Chanceler em educar o povo alemão para uma mentalidade de abnegação[103].

Podemos supor o efeito que tal autorização causou na involução científica de seu tempo. Foi fator decisivo no desenvolvimento dos acontecimentos psíquicos da alma da Alemanha.

Lembramos que no prefácio de "Totem e tabu", Freud adverte e estabelece que seu escrito era a primeira tentativa de seu lado de resolver problemas não concluídos da psicologia dos povos, a *Völkerpsychologie*. No escrito sobre o narcisismo, um ano depois, ele afirma que seu método é uma "oposição aos trabalhos da escola de psicanálise de Zurique". Visivelmente enfastiado e preocupado, escreve a propósito das teorizações dessa escola:

> Ela se relaciona com coisas tão distantes dos problemas de nossa observação e tem tão pouco conteúdo cognitivo – *Kenntnisinhalt* – que é do mesmo modo ocioso contestá-la como aproveitá-la; possivelmente tem essa identidade originária – *Uridentität* – tão pouco a ver com nosso

[103] Hermanns, L. M, John F. Rittmeister e C. G. Jung , in *Nazismo e psicanálise*, Chaim Samuel Katz (editor), Ed. Taurus, Rio de Janeiro,1985, parte IV, p. 134.

> interesse analítico quanto o parentesco originário – *Urverwandtschaft* – de todas as raças humanas tem com o atestado oficial de herança exigido de parentesco com o autor do testamento. Chegamos, com todas essas especulações, a nada.
>
> Outra coisa seria, naturalmente, se a evidência fosse mostrada que a teoria da libido logo fracassa na aclaração – *Erklärung* – da última doença mencionada (esquizofrenia). C. G. Jung teve essa afirmação colocada (segue nota com citação de "Transformações e símbolos da libido") e me obrigou às últimas exposições que gostaria de me ter poupado. Teria preferido seguir até o fim o caminho que empreendi na análise do caso Schreber...[104].

Freud aqui se refere à teoria junguiana dos arquétipos e do inconsciente coletivo, que tomara a direção do simbolismo, o irreal.

A pressa de Freud era necessária mas não foi suficiente para garantir um corte na espiral imaginária que se seguirá e que tomará a comunidade científica. Quando Freud repele as asserções de Jung sobre o fracasso da teoria da libido na aclaração das psicoses e aponta as deficiências e falhas da argumentação de Jung no texto sobre o narcisismo, a forclusão já se introduzira. A publicação de Hitler, dez anos após, veio certificar a correção da direção de Freud.

Os conceitos fundamentais da psicanálise como pai originário – *Urvater*–, recalque originário – *Urverdrängung*–, juízo – *Urteil*– e a forma originária do eu – *Urbild*, – são abandonados e substituídos por um simbolismo que forclui, recusa a ética da psicanálise. A lógica significante freudiana da análise é abandonada por Jung, que se dedicara à "psicologia analítica". Jung

---

[104] Freud S. *Zur Einführung des narzißmus*, op. cit., Band 10, p. 145.

se fez herdeiro do arianismo e suas formulações devem ser lidas como uma tentativa da purificação do espírito tal como se procedeu com a raça. A introdução da idéia da libido como energia cósmica fez do *Führer* um catalisador.

> Se Deus me engana, dá igual, é a verdade por decreto do *deuszer*[105], a verdade de ouro. Bom, saltemos isto. Há aqui uma parte em que faço alguns comentários a propósito de certa gente que traquinou a crítica do outro lado do Reno para terminar beijando a bunda de Hitler. Isto me faz ranger os dentes[106].

Freud já começara a escrever o primeiro dos três ensaios do "Moisés". As duas partes do terceiro ensaio são denominadas por ele como "advertências preliminares" e sabemos que foi escrito no exílio. Assim, podemos compreender os desmaios de Freud na presença de Jung.

As conclusões de Freud sobre o parafrênico e o paranóico são expressas nos encerramentos da análise do caso de Schreber e na introdução do narcisismo, através da psicologia das massas. Freud se refere em ambos os textos ao que trata em "Totem e tabu" (1913), a *Völkerpsychologie*, a psicologia dos povos ou, para ouvidos germânicos da época, psicologia da raça. Era o assunto de Jung e também de Hitler.

> Todo cruzamento entre não tão elevados entes dá como produto um meio termo entre a elevação dos pais. Isto é assim: o jovem ficará mais bem elevado que o inferior racial do par parental, mas não tão elevado como o superior.
>
> O mais forte tem que dominar e não se misturar com o mais fraco, e assim sacrificar sua grandeza.

---

[105] Lacan inventa por condensação a palavra *deuszer* na qual se unem Deus e dizer.

[106] Lacan, J. *A terceira. Discurso de Roma*, in Intervenciones y textos 2, Manantial, Buenos Aires, 1993, p. 78.

> A conseqüência dessa pulsão para a pureza racial – *Triebes zur Rassenreinheit* – , tendência geral na natureza, não é só exteriorizar a precisa fronteira das raças individuais, mas também sua essência de ser uniforme em si mesmas.
>
> O resultado do cruzamento de raças é então, resumidamente, sempre o seguinte:
>
> a) rebaixamento de nível da raça mais elevada, b) involução – *Rückgang* – corpórea e intelectual...
>
> Tudo o que hoje admiramos na terra – ciência e arte, técnica e invenções – é somente o produto da criação de poucos povos e talvez, originalmente, duma raça – *einer Rasse*[107].

Achamos o parafrênico na obra de Freud em sua descrição clínica no escrito *Zur Einführung* des *Narzißmus* (1914). Dedicou-o a diferenciar nas psicoses a economia libidinal do parafrênico, continuando o trabalho iniciado na análise do caso de Schreber. Utiliza a economia da dor para a metapsicologia.

O texto é publicado no "Anuário de Psicanálise", que teve sua publicação suspensa devido à eclosão da Primeira Guerra Mundial.

Só permaneceram o jornal internacional e a revista *Imago*, fundada em 1912, inaugurando-a o primeiro ensaio do livro do totem: o horror ao incesto. O livro completo foi apresentado em setembro de 1913, no Congresso de Munique, e selou definitivamente a separação entre Freud e Jung.

Hitler, em 24 de maio de acordo com os registros policiais de Viena[108], mudou-se para Munique chocado com a "sujidade moral do povo eleito". Impôs-se a partir desse momento a "tarefa da elucidação da questão judaica". Começou a "estu-

---

[107] Hitler, A. Op. cit., pp. 313-7.

[109] Toland, J. *Adolf Hitler*, Livraria Francisco Alves Ed., Rio de Janeiro, 1978, p. 32.

dar a valer os fundadores dessa doutrina a fim de conhecer os princípios do movimento".

Cai-lhe, então, nas mãos "Totem e tabu", o livro do crime primordial: o assassinato do pai – *Vatermord*.

A guerra que seguia na Europa realizou-se com pouca e rudimentar maquinaria mas através de sua evolução deu-se a propulsão tecnológica do século XX. Para efetivar-se, uma involução – *Rückbildung* – na historicidade da cultura foi imposta entre semelhantes, aqueles que são feitos à mesma imagem e semelhança. A involução acontece no crepúsculo da ética. Seus mandamentos são desmentidos por abnegados da palavra.

A involução faz despertar na alma da massa, lançada na guerra, o traço adormecido de um traço de caráter deformado e perdido da existência humana. A involução aconteceu nas trincheiras. É só assistirmos aos filmes hoje digitalizados da Grande Guerra (1914-1919) para constatarmos que a involução salta aos olhos. Hitler era especialista em trincheiras. Nelas viveu essa guerra.

O retorno do recalcado acontece *onde isso era*, mas irrompe numa repetição perturbadora: o eu na guerra não vem a ser. Está despojado de sua temporalidade própria e é aniquilado. Na resistência, o eu se mantém com era, mas na luta contra as grandes exigências do mundo externo, que excluem qualquer percepção interna do eu, padece na melancolia da guerra.

Freud encerra o texto sobre o narcisismo com uma formulação tão complexa quanto enigmática, que não devemos deixar de tentar aclarar. Lemos juntos o último parágrafo:

> Do ideal do eu parte um importante caminho para a compreensão da psicologia das massas. Este ideal tem, ademais de seu individual, uma participação social; é também o ideal comum de uma família, uma cate-

> goria, uma nação. Ligou, ademais da libido narcisista, uma grande importância da libido homossexual de uma pessoa, que por esse caminho é retornada no eu. A insatisfação através do não cumprimento desse ideal faz a libido homossexual livre – *frei* –, que se transforma em consciência de culpa (angústia social). A consciência de culpa era originariamente angústia perante o castigo dos pais; melhor dito: perante a perda do amor deles; no lugar dos pais, mais tarde, faz às vezes a quantidade indeterminada de companheiros. A freqüente causação da paranóia através do adoecimento do eu, a falha (*Versagung*) da satisfação no âmbito do ideal do eu é assim entendida; também a reunião da formação do ideal e sublimação no ideal do eu, a involução das sublimações e eventual remodelação dos ideais – *Umbildung der Ideale* – em enfermidades parafrênicas[109].

Claramente, Freud analisa os movimentos juvenis da época e suas manifestações públicas, assim como a opinião pública sobre eles. Essa geração de adolescentes foi a que mais tarde tomou o lugar dos pais nas perseguições raciais. Formaram a *Hitlerjugend*, a juventude hitlerista e foram seus líderes. A remodelação dos ideais alemães em hitlerianos globalizou o conflito. A questão atual que se nos apresenta é a da repetição. O que é forcluído no simbólico retorna no real, define Lacan. É num simbólico marcado de irreal que se situa a estrutura própria do psicótico, esclarece ele no seminário I[110]. Colocamos a questão: quem parafreniza hoje?

Uma análise mais próxima do termo "parafrenia" nos conduz dentro do pensamento freudiano e lança luz sobre sua escolha.

O delírio parafrênico é estabelecido por Kraepelin em 1912 no seu *Tratado*, com sua exclusão do grupo das formas

---

109 Freud, S. *Zur Einführung des Narzißmus*, op. cit., p. 170. S.E., p. 119.

110 Lacan, J. O Seminário, Livro I, *Os escritos técnicos de Freud*, Zahar Ed., Rio de Janeiro, 1983, p. 131.

paranóides da demência precoce. É um delírio autóctone, que se nutre de elementos para sua autoconstrução. Clérambault denomina-o, por isso, de "delírio autoconstrutivo".

Os quadros parafrênicos puros apresentam um indivíduo aparentemente normal no uso da língua. O que particulariza o delírio crônico do parafrênico é a tendência irreprimível a viver significações projetando em fatos heterogêneos um sentido oculto em si e único. Há no Outro um único objeto que o mantém em transe hipnótico. É assim que constrói o saber como agente de seu discurso.

Kraepelin desdobra a parafrenia em quatro quadros clínicos e o último é a parafrenia fantástica. Essa forma era muito rara e nela predominavam em primeiro plano as alucinações corporais e os fenômenos de influência[111].

Como dissemos, magia, animismo e onipotência de pensamentos são os saberes que formaram a ilusão do nazismo. Eram práticas que conduziam todos os atos nazistas. Hitler aprendeu ventriloquismo com o vidente Hanussen, seu conselheiro, para gesticular com as mãos na encenação dos discursos frenéticos. Inaugura sua autobiografia afirmando que uma "feliz predestinação" o fez nascer na fronteira da Áustria e da Alemanha.

O delírio era exercitado principalmente sobre os mapas. Desse modo emergiria a teoria do *Lebensraum*, o espaço vital, "direito moral de conquistar terras estrangeiras".

Na parafrenia, o valor de letra é forcluído com a queda da libido. A desinstancialização da letra no inconsciente faz os significantes, tomados em massa na psicose, se desmancharem ao nível da estrutura específica do nome-próprio, como um

---

111 Nobre de Mello, A. L. *Psiquiatria*, vol. 2, Guanabara Koogan, Rio de Janeiro, 1980, 3ª ed., p. 291 e seguintes.

castelo de areia. Ela traça uma geometria de cortes para desmanchar sua escrita. Essa forclusão se dá sempre no mesmo plano, no registro do real e é fulminante na formação do sintoma.

O outro é tomado no real da deslibidinização, o irreal. No campo de concentração ocorre a queda, o desligamento da libido como órgão da pulsão. Permanece a pura tendência do instinto, o fator letal. Hitler sempre repetia as mesmas formas em seus pronunciamentos e nas publicações do IIIº Reich. A questão se fixa no lúdico dos jogos infantis de mapas e é lançada no corpo da pátria – *Vaterland*, literalmente "terra do pai".

O corpo do Outro (pátria, família ou nação) é desmembrado no sintoma para sua total remodelação. Isso se instaura com a elisão da mãe simbólica. Essa remodelação do corpo do Outro é apresentada na *Imago* em que se transmuda o corpo de pulsão idealizado: um corpo *uno*. "Dar filhos ao *Führer*" era o dizer das mães do terceiro *Reich*. Esse corpo místico se imaginava como contraponto ao corpo judeu, deslibidinizado no campo de concentração.

A imagem original – *Urbild* – do estádio do espelho, é inconstituída. Deformado no âmago do ideal, a *Urbild* do Outro é desmontada e desmancha. Não existirá o sentimento do eu – *Ichgefühl* – por que este não emerge no dizer do Outro, dos semelhantes. São os pais que formam esse laço de sentimento para o sujeito.

O mesmo sangue pertence a um mesmo império. Esta frase grifada encarna num simbólico marcado pelo irreal. Foi esse ideal que conduziu os filhos da Alemanha.

É a deformação total do narcisismo da criança que a faz imaginar tão mal e virar no futuro da ilusão o grande remodelador: *Führer und Reichskanzler des Großdeutschen Reiches Adolf*

Hitler[112]. É a versão moderna de um faraó. As pragas hitlerianas aconteceram para que os povos se tornassem livres.

Nesses pontos da reta textual, traçada "por todos os meios", o delírio desenvolve-se mais ainda e introduz-se no terreno minado do messianismo. Está fundada a religião nazi, onde a fantasia popular da eleição divina tem seu cúmulo. Se a natureza divina encarnou em Jesus, que era um judeu, a natureza ariana tinha que aparecer em alguém. A grande Alemanha é a terra prometida e o *Reich* de mil anos o paraíso terrestre, que fará cair o reino judeu. Adão, até então lançado em sono profundo por Deus e assim deixado, finalmente desperta para o triunfo germânico. O germânico transforma-se no *Garmann* – "homem-inteiro".

Não há déficit entre ser e real no delírio parafrênico. O lugar ético onde emerge o sujeito do discurso é extinto. Os rastros das representações éticas e culturais do indivíduo são remodelados e sofrem o que Freud define como involução das sublimações pela reunião da formação do ideal e da sublimação no ideal do eu. Essas sublimações formariam a *Urbild* do estágio do espelho, i(a), pois são disjuntas ao ideal.

> E então, posto que a sublimação descreve algo que acontece com a pulsão, e a idealização algo que se passa no objeto, ambas são mantidas conceitualmente separadas. A formação do ideal do eu é freqüentemente confundida com a sublimação da pulsão em detrimento da compreensão[113].

Com a operação de reunião descrita por Freud como conseqüência, ocorre a involução das sublimações, modo de

---

112 Líder e Chanceler do Reino da Grande Alemanha.

113 Freud, S. *Zur Einführung des Narzißmus*, op. cit., Band 10, p. 151.

leitura do termo introversão que Jung havia tentado introduzir na teoria da libido para remodelá-la. Aqui abandona a análise definitivamente. Confunde consistência imaginária com conteúdo simbólico.

> É o termo têjas que significa: 1. Agudeza, corte. 2. Fogo, brilho, luz, brasa, calor. 3. Aspecto sadio, beleza. 4. A força ardorosa e criadora de cor no organismo humano (imaginada na bílis). 5. Força, energia vital. 6. Natureza impetuosa. 7. Força espiritual, também mágica; influência, prestígio, dignidade. 8. O sêmen masculino.
>
> O termo têjas descreve portanto aquela condição psicológica também indicada pela expressão "libido". É a *intensidade* subjetivamente percebida das mais diversas situações. Tudo o que for muito acentuado, portanto os conteúdos carregados de energia, tem por isso amplos significados simbólicos. Para a fala, que tudo exprime, isto é óbvio[114].

A sublimação das pulsões libidinosas é uma exigência do ideal do eu para a formação do estádio do espelho. Com a confusão descrita por Freud, ocorre a idealização da pulsão, o que conduz ao colapso do gozo e à involução das sublimações na parafrenia.

A operação de reunião, nos ensina Lacan, implica em "um nem um nem outro". Operada na alienação e separação, ela institui o recalque e funda o simbólico. Na psicose há forclusão do simbólico. Fica-se no véu da alienação, lugar de constituição da massa primária: "quem colocou um e o mesmo objeto no lugar de seu ideal do eu e se identificou entre si em seu eu com o outro conseqüentemente". Assim se faz um *Führer* e Freud nos demonstrou isso na psicologia das massas.

Nem um nem outro na parafrenia conta-se de outra maneira. É um cálculo que faz valer o que Lacan designa como

---

[114] Jung, C. G., op. cit., p. 151.

o "fator letal" do véu da alienação. Cálculo de holófrase. Hitler também calculava assim: holófrase em massa. Cria-se um texto que fará no corpo do Outro retalhos em sua textura. Nem formação do ideal nem sublimação da pulsão e temos o irreal, o campo de concentração.

Em seu capítulo pretensamente darwinista, "O forte é mais forte quando fica só", Hitler prova calculadamente a "incompetência dos que se crêem eleitos" e extingue a historiografia judaica com uma penada.

> Aqui também, pela ordem natural das coisas, será certamente o mais forte que será escolhido para cumprir a grande missão; apenas os outros só muito tardiamente reconhecem o fato de ser este o único eleito[115].

O modo textual do parafrênico é definido. Escreve por metáfrases, paráfrases, mal dizeres calculados na lógica alienista do nem um nem outro. Arranca do ventre do Outro seus significantes e aniquila seu corpo de letra e de nome-próprio. Segue-se no texto o mesmo que ouvimos no dizer. Hitler reconhecia o poder da palavra falada no ganho dos homens, mas preocupou-se detalhadamente com "a uniformidade e unidade da doutrina fixada por escrito de uma vez para sempre"[116].

O que leremos agora é uma paráfrase do dito mais citado do "Livro do Apocalipse" de Isaías. Para implantar a "fusão" do império germânico, dividido pela invasão das raças não-arianas,

> O arado dará então lugar à espada, e as lágrimas da guerra prepararão as colheitas do mundo futuro[117].

O parafrênico é um delirante crônico que obtém grande penetração social no âmbito do trabalho. A formação de

---

[115] Hitler, A., op. cit., *Vorwort.* [Prefácio]

[116] Ibidem, p. 376.

[117] Ibidem, p. 1.

Hitler como ser no mundo aconteceu no intramundano das trincheiras. Era um homem de trincheira. Foi condecorado por isso. No trabalho de defesa da trincheira na Grande Guerra, ficou parafônico por "aspiração de gases". Isso danificou para sempre suas cordas vocais. Essa alteração mórbida em sua voz o deixou frenético. Seu esforço em falar produzia um som histriônico. Alterou a escuta de si mesmo. Devido à reprodução de sua voz através da radiofonia, seus discursos causavam um frenesi na audiência.

Amplificada por radiofonia e ouvida por rádio, a voz frenética adquiriu poder de mídia. Hipnotizando a escuta do povo alemão, a "Voz da Alemanha" exigia sacrifícios de linguagem à alma do povo.

A escuta magnetizada fez com que os corpos se atraíssem em massa, formando um campo de concentração, o magneto da libido. Isso tornou Hitler o remodelador do ideal do eu alemão. A remodelação implantada no nazismo efetivou a deformação do que Freud denomina de formações fantasmáticas com os mitos populares – *Phantasienbildungen mit den Völkermythen.*

Dois traços característicos fundamentais do psicótico Freud descreve no narcisismo como parafrênicos: "*den Größenwahn*, o grande delírio e a *Abwendung*, alienação de seu interesse do mundo externo (pessoas e coisas)"[118]. *Größenwahn* é erradamente entendido por megalomania ou delírio de grandeza.

A parafrenia não é como no delírio paranóico, onde o eu é indenizado através do grande delírio, nem, como afirmava

---

[118] Freud, S. *Zur Einführung des Narzißmus*, op. cit., Band 10, p. 139.

indiscriminadamente Jung, a introversão da libido do objeto no Eu. O parafrênico é outro.

Schreber também queria formar uma nova raça. Seria emasculado por si mesmo, se transformaria em mulher, seria copulado por Deus e geraria uma nova raça, a de Schrebers, que reconciliaria a humanidade com a divindade. Esse grande delírio, sua solução final para si, estava atualizado em seu tempo. Na parafrenia, a solução final do delírio, expressa no enunciado do grande delírio, é para o outro.

A emasculação – *Entamannung* – paranóica pode ser deslocada do presente para o futuro, pois o eu é indenizado através do grande delírio. Luta e enfermidade podem cessar na paranóia. Na parafrenia não há deslocamento no tempo. Uma remoção – *Entfernung*– será efetivada na tomada do outro como puro órgão.

O termo *Entfernung* surge na carta que Hitler escreveu para a entrada no DAP – Partido dos trabalhadores Alemães – repleta de denúncias contra os judeus: "As suas atividades resultam numa tuberculose racial do povo...". Termina a carta expressando a leitores atentos o que já se desenhava como a solução final do delírio de holocausto: "Não resta dúvida, no entanto, de que a solução final terá de ser o irrevogável *Entfernung* dos judeus".

> A rigor, caberia traduzir essa palavra como "remoção", o que não significaria mais do que a "expulsão" dos judeus da Alemanha; é, no entanto, mais provável que ele tivesse em mente a "amputação", ou seja, liquidação, extermínio dos israelitas[119].

Hitler vivia em Viena, jamais trabalhou, alimentava-se nos sopões do governo e freqüentava assiduamente as bibliote-

---

[119] Toland, J. *Adolf Hitler*, op. cit., p. 100.

cas públicas e bancas. O Estado austríaco, pela pensão que lhe pagava como filho de funcionário público, dava-lhe condições de se estabelecer. Intitulará esse período como "Anos de estudo e sofrimento em Viena", o que é uma invencionice. Era um pseudo-autodidata e vinha estudando o mesmo que Freud e Jung: as massas e a pulsão.

Antes de deixar Viena, refere-se no texto a sua percepção da "grande cidade" como a "encarnação do incesto", referindo-se à mistura racial. O judeu representa "a coroa mortuária da humanidade". A solução final do Holocausto, o real *Gröβenwahn*, era a solução final para o seu delírio de observação, que na realidade foi adquirido e por esse motivo tem sua eficácia psicológica sobre as massas ainda hoje. Todo delírio exige uma solução final, afirma Lacan no seminário das psicoses.

> A natureza eterna vinga implacavelmente a transgressão dos seus mandamentos. Assim, hoje eu creio tratar no sentido do espírito do Onipotente, nosso criador,
> *Pois, defendendo-me do judeu, luto pela obra do Senhor*[120].

A frase, grifada no original, transformou-se em *outdoor* na Alemanha (ver foto). Sua luta transformou-se na luta da Alemanha. Onde lemos "defendendo-me do judeu", o termo (ver nota 121) é *ich mich erwehre*. Forma a *Wahrheit*, a verdade e também a defesa. A verdade é encoberta. Compreende-se que Hitler, falando para as massas, defende-se de uma verdade oculta em si mesmo, sua própria enfermidade. A *Wehrmacht*, o Exército alemão, foi introduzido no narcisismo literário hitle-

---

[120] Hitler, A. op.cit., pp. 64-70. *So glaube ich heute im Sinne des almächtigen Shöpfers zu handeln. INDEM ICH MICH DES JUDEN ERWEHRE, KÄMPFE ICH FÜR DAS WERK DES HERRN*

riano e literalmente fez a defesa do eu de Hitler. O *ich mich* encontra-se por todo o texto e é a primeira forma do amor narcísico: ama-se o que se é (si mesmo).

"Obra do Senhor" – *Werk des herrn.* Esse significante, – *herr* – senhor, é um nome do *Führer.* É a referência modelar ao pai e será pesquisado no delírio, principalmente nos textos bíblicos.

A língua alemã foi a matéria de linguagem para a construção do delírio parafrênico hitleriano. Sua eficácia deve-se a esse fato. A metáfora delirante na parafrenia se sustenta na via da forclusão da *fixão* da letra na estrutura específica do nome próprio, através do texto holofraseado. Este texto não tem o caráter de literalidade pois forclui o simbólico na remodelação das representações culturais do indivíduo, o que leva à extinção da ética.

Há, então, a holófrase parafrênica. O texto do parafrênico é uma holófrase parafraseada. Isso resulta num texto de significado oculto, por assim dizer blindado. Advém daí o poder de sedução do locutor tomando o leitor pelo enamoramento ao texto, preenchido com representações culturais que sustentam a idealização da pulsão. Escreve sobre a satisfação do objeto e o cumprimento do ideal e extingue o lugar da verdade no discurso. É o *saber segregar*, instituído no discurso universitário, quando S_1 vem no lugar da verdade. Com a extinção desse lugar ético, acontece a forclusão do *Nome-do-Pai* e a formação da holófrase parafrênica:

$$S_1S_2 \rightarrow \frac{a}{\$}$$

Hitler conseguiu globalizar seu conflito, tomando de assalto o inconsciente racial do povo alemão, através de uma meticulosa construção, onde uma língua fundamental, a que constrói os delírios da psicose, a hitleriana, elidiu a língua materna. Na Alemanha, entre 1933 e 1945, realmente falava-se outra linguagem, onde expressões anteriormente do cotidiano foram proscritas e transformaram-se em senha de morte.

Aqui se marca a diferença entre a paranóia, que busca desesperadamente uma estabilização do delírio na reconciliação com o Outro, a *Versöhnung*, e a enfermidade parafrênica, que parte para a aniquilação lenta e gradual do outro, tomado como objeto irreal no campo de concentração, a *Vernichtung*. Pode-se ler como "nadificação" do outro. Freud marca essa diferença ao referir-se à instância crítica no delírio de observação:

> O reconhecimento desta instância possibilita-nos o entendimento dos chamados delírios de notação ou, mais corretamente, de observação. O

> delírio de observação apresenta-a na forma regressiva, revelando assim sua gênese e seu fundamento porque, contra ela, o enfermo se insurge[121].

Na paranóia ocorre o delírio de ser observado e na parafrenia vigora o delírio de observar o ser do Outro como pesquisa interna. Não acontecem ao mesmo tempo. Elas expressam nitidamente a dupla face do ideal do eu. É, por exemplo, a diferença entre "tatuar-se" e "ser tatuado". O alvo de Hitler, expresso várias vezes em discursos públicos, era a "aniquilação dos judeus da Europa" – *Vernichtung des Juden Europas.*

Em Munique, com a ajuda financeira dos membros do então recém fundado Partido dos Trabalhadores Alemães, Hitler compra o jornal anti-semita "Observador de Munique" e muda o nome para "Observador Racial" – *Völkischer Beobachter.*

> O desenvolvimento do eu consiste numa remoção do narcisismo primário e produz uma intensa demanda a ganhá-lo novamente. Esta remoção acontece por meio do deslocamento da libido para um ideal do eu imposto de fora, a satisfação através deste ideal[122].

A remodelação dos ideais pela introdução do povo no narcisismo hitleriano promoveu um colapso nessa economia. A remoção do narcisismo primário promove o recalcamento do narcisismo originário da criança. A demanda que daí emerge introduz um terceiro tempo, o do narcisismo secundário, que permite ao sujeito um encadeamento significante, propriamente simbólico, àquilo que ficou excluído num primeiro tempo. O estanque do desenvolvimento do eu pela enfermidade pa-

---

121 Freud, S. *Zur Einführung des Narzißmus*, op. cit., p. 163.

122 Ibidem, p. 168.

rafrênica descrita por Freud implica a própria remoção do simbólico e o retorno no real acontece na superfície corpórea do outro, agora tomado como algo que deve ser removido para que seja restituído o narcisismo primário do eu. Aquilo que o paranóico vivencia na própria pele, o parafrênico experimenta na pele do outro. É a desfusão da pulsão escópica : "ver – ser visto". Prevalece o "se fazer ver o outro" para a solução final do delírio de observação.

A segregação é uma exteriorização modelar da angústia hipocondríaca que estanca, emperra a distribuição da libido no eu, como nos demonstra Freud no texto sobre o narcisismo. É indiferente que aconteça em objetos reais ou imaginados, pois a diferença só é notada quando a libido, depois de retirada de volta no eu, é desviada – *Wendung* – para o que Freud denomina de objetos irreais, como a coisa "judeu-objeto". Como afirma Lacan, irreal não é de forma alguma imaginário, mas se articula ao real de um modo que nos escapa. O que está em jogo nesse ponto é a idealização da pulsão.

A superfície corpórea é transmudada – *Umwandlung* – em puro órgão no complexo do semelhante. Na hipocondria da parafrenia se representa o corpo como um único órgão que, como define Freud, deve ser removido. O delírio de observação chegou à solução final. O que então se apresenta como cura para o enfermo é para nós a enfermidade. A superfície do corpo do outro é um texto, objeto irreal, criado a partir da notação do grande delírio.

O grande delírio acontece no campo de concentração, onde tentará restituir a cota de libido perdida na privação imposta de fora ao indivíduo pela estrutura deficitária do narcisismo. Retira para dentro do eu a libido e corresponde ao domínio psíquico dessa cota da libido. Cria, no futuro da ilusão, o tirano. Como o grande delírio não indeniza o eu como na paranóia, ocorre a hipocondria da parafrenia. Sabemos que a privação acontece no âmbito do ideal do eu. A hipocondria é então a expressão, na parafrenia, da remodelação dos ideais que, pelo desvio da libido, se ocupa de objetos irreais e encarna no campo de concentração, onde os órgãos se transmudam em significantes. Freud nos adverte a escutar a hipocondria, pois, como diz, ela tem razão.

Seguimos a trilha freudiana para aclararmos a nossa construção sobre a hipocondria de Hitler.

> Podemos decidir-nos a considerar a *erogenidade* como uma propriedade geral de todos os órgãos e isso nos autorizaria falar da intensificação ou rebaixamento em uma determinada parte corpórea. A cada alteração da *erogenidade* nos órgãos, poderia ser paralela uma alteração da ocupação libidinal no eu[123].

Nesses fatores Freud pesquisa o que está na base da hipocondria, pois ela tem a mesma atuação na distribuição da libido que tem o adoecimento material dos órgãos. Nos "três ensaios sobre a sexualidade", ao analisar as pulsões parciais e as zonas erógenas ele nos abre o caminho a seguir para a compreensão do que está em jogo em nossa construção:

> Sempre na escopofilia (prazer de olhar) e no exibicionismo, o olho corresponde a uma zona erógena, ao passo que na dor e componentes de crueldade da pulsão sexual, é a pele que assume o mesmo papel; a pele que se diferenciou como órgão dos sentidos em determinados lugares corpóreos – *Körperstellen* – e se diferenciou em mucosa, é a zona erógena χατ' εξοην (por excelência)[124].

---

123 Ibidem, 151-3.

124 Freud, S. *Drei Abhandlungen zur sexualtheorie, Band* 5, op. cit., pp. 68-9.

Trata-se de saber verdadeiramente onde está a angústia, assinalar o seu piso: é a perturbação. O perturbar-se indica-nos uma referência que corresponde ao nível mais profundo na dimensão do movimento. A angústia está sempre à deriva, o que está recalcado são os significantes que a amarram. Em nosso caso há a forclusão do simbólico, não houve recalcamento e abriu-se a veia da psicose. Nós encontramos o afeto da angústia deslocado, louco, invertido, metabolizado, mas não amarrado[125]. A perturbação da erogenidade se expressa, então, no ato de crueldade: o gesto hitleriano.

A loucura de Hitler, autobiograficamente descrita, nos traz a senha do que buscamos. Recusa, com a veemência característica, a figura do pai. Promove um rebaixamento total de sua imagem:

> Neste tempo formaram-se bem para mim os primeiros ideais. Não apreendia meu pai que eu pudesse recusar o que tinha sido outrora toda sua vida. Fiquei em posição de inferioridade e o velho senhor – *alte herr* – dispôs-se a exercer toda sua autoridade sem maiores considerações; vendo isto encerrei-me num silêncio prudente, mas pus minha ameaça em execução[126].

O que Hitler introduzia com esse enigma sobre o sentido de seu ser? Certamente temos aqui descrita uma parte da forclusão da função paterna. Ele imediatamente se lança no texto a um processo de restituição por um pai ideal, engendrado através das fantasias populares da pátria e da "sagrada língua materna" vaticinando o que define como "dever lutar pela sua raça". Estava desde já exposto, no capítulo primário, o umbigo

---

[125] Lacan, J. O seminário, livro X, *A angústia*, C.E.F.R, inédito.

[126] Hitler, A. *Mein Kampf*, op. cit., p. 5 e seguintes.

do grande delírio. A tarefa era então de restituir esse pai ideal no real.

Termina esse capítulo, "Na casa dos pais", com a recusa definitiva da identificação com o pai, expressa com o peso que as palavras adquirem num delírio:

> Isso tudo, especialmente na adolescência (que para mim só se consumou dolorosamente), fortificou minha profunda aversão contra uma profissão como a que me tinha eleito o pai. Parti para Viena. O pai tinha conseguido 50 anos antes, eu também ajudaria o destino, eu também queria ser "algo" – "*etwas*" *werden* –, com certeza, em nenhum caso empregado[127].

Alois Hitler, pai de Adolf, era filho de pai não reconhecido, bastardo. Tomou Hitler como nome próprio já na juventude, numa mescla de Hütler e Hiedler, nomes de tios maternos. Já casado, adotou como filha sua prima de segundo grau, casando-se com ela após o falecimento da mulher. Esta seria a mãe de Adolf, o que fez do padrasto de sua mãe, seu pai.

Adolf significa etimologicamente, "lobo do gozo" – *Awolf*. Era a representação que tinha de si, sua totemização. Mudou-se para o "Lobisomem" – *Wolfmann* – nova sede do *FührerKommand*, na Ucrânia, para atacar dali a Rússia, repleta de judeus. A antiga sede era na Polônia, já sem judeus, e seu nome era "Trincheira do Lobo" – *Wolfschanze*.

> Estava fazendo jus ao nome que ganhara no batismo, porque "Adolf" derivava da palavra teutônica que significava "lobo feliz". E, a partir desse dia (2 de agosto de 1914), a palavra "lobo" teria para ele um sentido especial – como um apelido entre os amigos íntimos; como um pseudônimo para ele e sua irmã Paula; e como o nome que indicava a maioria de seus comandos militares[128].

---

[127] Ibidem, pp. 16-7

[128] Toland, J. *Adolf Hitler*, op. cit., p. 112.

Lacan coloca a questão na discussão do caso clínico Robert, o menino-lobo, de Rosine Lefort, no Seminário I: "por que o lobo?"

O lobo coloca todos os problemas do simbolismo, pois não é uma função que se pode limitar. Somos forçados a procurar sua origem numa simbolização geral, afirma.

> O lobo liga-se a toda uma filiação pela qual chegamos às sociedades secretas, com o que comportam um iniciatório, seja na adoção de um totem, seja na identificação com um personagem[129].

O lobo é o nome-do-*Führer*. Aponta a coletivização do delírio na parafrenia. Com a desfusão do ideal do eu e do supereu na remodelação dos ideais, há o surgimento de um gozo que se efetiva na destruição da lei. O super eu identifica somente o que há de mais devastador na experiência e no discurso das voracidades identifica a *figura feroz*. A palavra, o comando da lei, é "reduzida ao seu caroço". O grande delírio é fazer-se lobo e devorar.

Ao encerrar o seminário XI no ano de sua "ex-comunicação", Lacan diz que

> Há algo profundamente mascarado na crítica da história que temos vivido. É, presentificando as formas mais monstruosas e pretensamente ultrapassadas de holocausto, o drama do nazismo. (...). O sacrifício significa que, no objeto de nossos desejos, tentamos encontrar o testemunho da presença do desejo desse Outro que eu chamo aqui o *Deus obscuro*[130].

A clínica psicanalítica se apresenta, aos 100 anos da "Interpretação dos sonhos" – *Die Traumdeutung* –, como solução lógica para o sujeito da época. O discurso do analista é o caminho de uma nova ação psíquica para o nervosismo moderno: o ato psicanalítico.

---

[129] Lacan, J. O seminário, Livro I, *Os escritos técnicos de Freud*, op. cit., p. 122.

[130] Lacan, J. O seminário, livro XI, op. cit., p. 259.

Bibliografia

A Bíblia – Editora Vozes, Petrópolis, 1982.

ANGEBERT, JEAN-MICHEL – *Hitler e as religiões da suástica*, Livraria Bertrand, Lisboa, 1977.

ARENDT, HANNA – *Origens do totalitarismo: I – O anti-semitismo, instrumento de poder*, Editora Documentário, Rio de Janeiro, 1973.
A dignidade da política, Relume-Dumará, Rio de Janeiro, 1993.
Sobre a violência, Relume-Dumará, Rio de Janeiro, 1994.

ASIMOV, ISAAC – *Historia universal Asimov – La tierra de Canaan, Alianza Editorial, Madrid,* 784, 1992.
Historia universal Asimov – Los egipcios, Alianza Editorial, Madrid, 794, 1993.

BARRET, FRANCIS – *Magus tratado completo de alquimia e filosofia oculta*, Mercuryo, São Paulo, 1997.

CHEMOUNI, JACQUY – *Freud e o sionismo*, Imago Editora, Rio de Janeiro, 1992.

COMAS, JUAN – *Racial Myths,* UNESCO, 1974.

DARWIN, CHARLES – *A origem das espécies*, Ediouro, Rio de Janeiro, 1987.
El origen del hombre, EDAF, Madrid, 1989.
O Beagle na América do Sul, Paz e Terra, São Paulo, 1996.

DURAS, MARGUERITE – *A dor*, Editora Nova Fronteira, Rio de Janeiro, 1986.

EBAN, ABBA – *A história do povo de Israel,* Bloch Editora, Rio de Janeiro, 1971.

EINSTEIN, ALBERT – *Como vejo o mundo,* Ed. Nova Fronteira, Rio de Janeiro, 1981.

Encyclopaedia Britannica, William Benton Publisher, Chicago, 1964.

ERIKSON, ERIK, H. – *Infância e sociedade,* Zahar Editores, Rio de Janeiro, 1980.

FEST, JOACHIM – *Hitler,* Editora Nova Fronteira, Rio de Janeiro, 1976.

FREUD, SIGMUND – *Gesammelte Werke,* S. Fischer Verlag, Frankfurt am Main, 1968.
Die Traumdeutung, Band 2 u. 3 (1900) (A Interpretação dos Sonhos)
Drei Abhandlung zur Sexualtheorie, Band 5 (1905) (Três Ensaios Sobre a Sexualidade)
Zur sexuellen Aufklärung der Kinder, Band 7 (1907) (O esclarecimento sexual das crianças)
Die "kulturelle" Sexualmoral und die moderne Nervosität, Band 7 (1908) (Moral sexual civilizada e doença nervosa moderna)
Analyse der Phobie eines fünfjährigen Knaben, Band 7 (1909) (O pequeno Hans)
Die psychogene Sehstörung in psychonalytischen Auffassung, Band 8 (1910) (A concepção psicanalítica das perturbações psicogênicas da visão)
Psychoanalytische Bemerkungen über einen autobiographisch beschreibenen Fall von Paranoia (Dementia Paranoides), Band 8 (1911) (O caso Schreber)
Totem und Tabu, Band 9 (1912) (Totem e Tabu)
Zur Einführung des Narzißmus, Band 10 (1914) (Introdução ao Narcisismo)
Trauer und Melancholie, Band 10 (1915) (Luto e Melancolia)
"Ein Kind wird geschlagen", Band 12 (1919) ("Uma criança é espancada")
Massenpsychologie und Ich-Analyse, Band 13 (1921) (Psicologia das massas e análise do eu)
Das Ich und das Es, Band 13 (1923) (O Eu e o Isso)

Die infantile Genitalorganisation, Band 13 (1923) (Organização genital infantil)
Der Realität verlust bei Neurose und Psychose, Band 13 (1924) (A perda da realidade na neurose e psicose)
Das ökonomische Problem des Masochismus, Band 13 (1924) (O problema econômico do masoquismo – tradução de Eduardo Vidal)
Neurose und Psychose, Band 13 (1923) (Neurose e Psicose)
Die Verneinung, Band 14 (1925) (A Negação – tradução de Eduardo Vidal)
Hemmung, Symptom und Angst, Band 14 (1926) (Inibição, Sintoma e Angústia)
Die Zukunft einer Ilusion, Band 14 (1927) (O futuro de uma ilusão)
Der Mann Moses und die monoteistische Religion, Band 16 (1934(1938)) (Moisés e o monoteísmo)
*Die Ichspaltung im Abwehrvorgang, Band 16 (*1938*)* (A cisão do eu no processo de defesa)

Gay, Peter – *Freud, uma vida para o nosso tempo*, Companhia das Letras, São Paulo, 1989.

Goethe, Johann Wolfgang – *Fausto*, Editora Itatiaia, São Paulo, 1981.

Haffner, Sebastian – *Um tal de Adolf Hitler*, Ed. Civilização Brasileira, Rio de Janeiro, 1989.

Heidegger, Martin – *Sein und Zeit, Max Niemeyer Verlag, Tübingen,* 1986.
El ser y el tiempo, Fondo de Cultura Económica, Buenos Aires, 1951.

Hitler, Adolf – *Mein Kampf, Verlag Franz Eher Nachfolger, München,* 1933.
Trad. – *A minha luta*, Edições Afrodite, Lisboa, 1976.

Ifrah, Georges – *História universal dos algarismos*, Tomo 1, Editora Nova Fronteira, Rio de Janeiro, 1997.

Jones, Ernest – *Vida e obra de Sigmund Freud*, Zahar Editores, Rio de Janeiro, 1979.

JUNG, CARL GUSTAV – *Símbolos da transformação*, Vol. 5, Obras Completas, Editora Vozes, Petrópolis, 1995.

KATZ, CHAIM SAMUEL (org.) – *Psicanálise e nazismo*, Editora Taurus, Rio de Janeiro, 1985.

KEEGAN, JOHN – *Waffen – SS, soldados da morte*, Editora Renes, Rio de Janeiro, 1973.

KESSEL, JOSEPH – *Dr. Kersten, o médico de Himmler*, Editora Flamboyant, São Paulo, 1966.

LEI DE MOISÉS, A – *Congregação religiosa israelita "Beth-El"*, Rio de Janeiro, 1962.

LACAN, JAQUES – O Seminário, livro I, *Os escritos técnicos de Freud*, Zahar Ed., 1983;
Livro III – *As psicoses*, Jorge Zahar Editor, Rio de Janeiro, 1985;
Livro XI – *Os quatro conceitos fundamentais da psicanálise*, Jorge Zahar Editor, Rio de Janeiro, 1985.
Livro VII – *A ética da psicanálise*, Jorge Zahar Editor, Rio de Janeiro, 1988;
Livro XVII – *O avesso da psicanálise*, Jorge Zahar Editor, Rio de Janeiro, 1992;
Livro IV – *A relação de objeto*, Jorge Zahar Editor, Rio de Janeiro, 1995;
Livro X – *A angústia*, Inédito.
Livro XXI – *Os não-tolos erram*, inédito.
Escritos, Jorge Zahar Editor, Rio de Janeiro, 1998.
Intervenciones y *textos* 2, Manantial, Buenos Aires, 1988;

LEIRIS, MICHEL – *Race and Culture* – UNESCO, 1974.

LEWIS, BERNARD – *Judeus do Islã*, Xenon Editora, Rio de Janeiro, 1990.

Machsor – Livro de rezas para os dias sagrados de Rosh Hashana e Yom Kipur, C.I.P. e A.R.I., São Paulo e Rio de Janeiro, 1966.

MAQUIAVEL, NICOLAU – *O Príncipe*, Martins Fontes, São Paulo, 1990.

MELO, A. L. NOBRE – *Psiquiatria*, vol. 2, Editora Guanabara Koogan, Rio de Janeiro, 1981.

O livro dos mortos do Antigo Egito – Hemus Editora, São Paulo, 1982.

POLIAKOV, LEON – *História do anti-semitismo I* – De Cristo aos Judeus da Corte, Estudos 63, Ed. Perspectiva, São Paulo, 1979.
História do anti-semitismo II – De Maomé aos Marranos, Estudos 64, Ed. Perspectiva, São Paulo, 1984.
História do anti-semitismo III – De Voltaire a Wagner, Estudos 65, Ed. Perspectiva, São Paulo, 1985.
O mito ariano – Estudos 34, Ed. Perspectiva, São Paulo, 1974.

OSMAN, AHMED – *Moisés, faraón de Egipto*, Editorial Planeta, Barcelona, 1991.

PORGE, ERIK – *Os nomes do pai em Jacques Lacan*, Companhia de Freud Ed., Rio de janeiro, 1998.

RAEDERS, GEORGES – *O conde Gobineau no Brasil*, Paz e Terra, São Paulo, 1996.

REVISTA LETRA FREUDIANA – *Documentos para uma Escola*, nº 0, 1981.
Die Verneinung – A negação, nº 5, 1989.
Pulsão e gozo, nºs 10\11\12.
1, 2, 3, 4..., nºs 1\4, 1993 .
Do Sintoma ...ao Sinthoma, nºs 17\18, 1996.
O ato analítico, nº. 16, 1996.
Do pai, o limite em psicanálise, nº 21, 1997.
A criança e o saber, nº 23, 1998.
Hans e a fobia, n º 24, 1999.

ROBERT, MARTHE – *Freud e a consciência judaica*, Imago Editora, Rio de Janeiro, 1989.

SARTRE, JEAN PAUL – *Reflexões sobre o racismo*, Ed. Difusão Européia do Livro, São Paulo,1963.

TOLAND, JOHN – *Adolf Hitler*, volumes 1 e 2, Francisco Alves Editora, Rio de Janeiro, 1978.

VOLTAIRE (François-Marie Arouet) – *Deus e os homens*, Martins Fontes Editora, São Paulo, 1995.

WYKES, ALAN – *Hitler*, Editora Renes, Rio de Janeiro, 1973.

ZWEIG, STEFAN – *A cura pelo espírito*, Editora Guanabara, Rio de Janeiro, 1940.
O mundo que eu vi, Editora Guanabara, Rio de Janeiro, 1942.

markgraph
Rua Aguiar Moreira, 386 - Bonsucesso
Tel.: (21) 564.1056 Telefax: (21) 270.9656
Rio de Janeiro - RJ